suhrkamp taschenbuch 1276

AF197755

»Wolfgang Hildesheimer hat ein ganz kleines Buch geschrieben, das sehr traurig ist und eines der lustigsten. Es heißt ›Mitteilungen an Max über den Stand der Dinge und anderes‹. So waren schon die sechs Seiten überschrieben, die Hildesheimer 1981 zur Festschrift für Max Frisch beisteuerte, und aus jenen sechs Seiten sind nun sechzig geworden. ... Hildesheimer liebte bislang die Sprache als ein ehrliches Material für täuschende Veranstaltungen. Jetzt scheint auch sie ihm in Verruf geraten. ... Er gebraucht die Sprache konsequent, wo sie inkonsequent ist; er faßt sie wörtlich auf, wo sie es übertragen meint; er nimmt sie beim Bild, wo sich der Bildcharakter längst in eine Floskel auflöst. Das produziert lauter falschen Sinn und insofern eben auch neuen...«

Peter von Matt, FAZ

Wolfgang Hildesheimer
Mitteilungen an Max über den Stand der Dinge und anderes

Mit einem Glossarium
und 6 Tuschzeichnungen
des Autors

Suhrkamp

10. Auflage 2016

Erste Auflage 1986
suhrkamp taschenbuch 1276
© Suhrkamp Verlag Frankfurt am Main 1983
Suhrkamp Taschenbuch Verlag
Printed in Germany
Umschlag: hißmann, heilmann, hamburg
ISBN 978-3-518-37776-5

Mitteilungen an Max
über den Stand der Dinge
und anderes

Wieder ist, wie Du, lieber Max, wahrscheinlich bereits festgestellt hast, ein Jahr vergangen, und ich weiß nicht, ob es Dir so geht wie mir: allmählich wird mir dieser ewigwährende Zyklus ein wenig leid, wozu verschiedene Faktoren, deren Urheber ich in diesem Zusammenhang, um mich keinen Unannehmlichkeiten, deren Folgen, die in Kauf zu nehmen ich, der ich gern Frieden halte, gezwungen wäre, nicht absehbar wären, auszusetzen, nicht nennen möchte, beitragen.

Jedenfalls bin ich gegen das neue Jahr bestens gerüstet, bin gegen Diebstahl, Feuer, Hagel und Leben versichert, nicht zu reden von höherer Gewalt, über die ich selten rede, eigentlich nur, wenn sie sich bemerkbar macht, und selbst dann nicht immer, ja, vielleicht sogar gerade dann nicht. Der Hund liegt begraben, die Schäfchen sind im trockenen, das Huhn ist im Topf, der Topf hat seinen Deckel, der Hase liegt im Pfeffer, die Flinte im Korn, unter einer steigenden Schneedecke, nach der sich zu strecken ich den stürzenden – verzeih das Wort – Pistenfahrern überlasse.

Freilich, wo ich jetzt die Blumen und wo den Sonnenschein nehme, und wo den Schatten der Erde, weiß ich nicht. Vor allem das letztere wird nicht ganz einfach sein, ist ja auch im Sommer nur unter großem Aufwand zu bewältigen, denn Schatten widersetzt sich bekanntlich dem Einfangen und der Verpflanzung ganz und gar; wäre es nicht so, würden mich Schatten umgeben. Die Blumen beziehe ich, sollte ich sie wirklich brauchen, was nicht wahrscheinlich ist, aus dem Treibhaus, und der Sonnenschein kann mir, wenn ich es mir recht überlege, was ich soeben tue, gestohlen bleiben, oder vielmehr: er *könnte* es, wenn er mir jemals gestohlen worden wäre, was nicht der Fall ist. Ich habe nie welchen besessen.

Der Sommer war nicht eben groß, aber groß genug, ich beklage mich nicht. Ein Sommer sollte ja auch nicht *zu* groß sein, aber ich weiß: manchem kann er nicht groß genug sein. Der Apfel fiel nicht weit vom Stamm, das hat die Ernte um Wesentliches erleichtert. Aber auf den Fluren hat jemand die Winde losgelassen, was ich als Rücksichtslosigkeit, wenn nicht gar als Beleidigung empfunden habe; jedenfalls zeugt es von schlechten Manieren – von Kinderstube will ich nicht reden, es ist zu schmerzlich. Jemand hat auch den letzten Früchten befohlen, voll zu sein, und ihnen noch zwei südlichere Tage gegeben, die zwar unerträglich waren, dafür ist der Obstkeller jetzt gefüllt. Aber irgendeiner – ich weiß nicht, ob es derselbe war – hat auch die letzte Süße in den schweren Wein gejagt. Ich habe den Kerl nicht zu fassen gekriegt, wahrscheinlich hat er nachts gejagt. Und nun muß ich mich, so wohl als übel, auf einen schweren süßen Jahrgang vorbereiten – aber sei's drum: die Jahrgänge werden ohnehin nicht leichter, dafür werden die Zeitläufte auch immer weniger süß. Ist Dir das auch schon aufgefallen? Kannst Du Dich etwa auch nur an einen einzigen süßen Zeitlauft erinnern?

Immerhin habe ich ein Haus gebaut. Es ist noch nicht trocken. Noch stehen die Mauern einigermaßen sprachlos und kalt, während vor den dreifach verglasten Fenstern der Schnee auf Einsilbiges wie Au und Flur, Hain und Pfad, Busch und Strauch, Bach und Teich etc. sowie auf Zweisilbiges wie etwa Buschwerk und Tannicht, Strauchwerk und Buchicht, Pfütze, Tümpel und Weiher herabrieselt. Es handelt sich, wie Du dieser Aufzählung entnommen haben dürftest, um Umwelt, die ich übrigens nach Gebühr schütze, sofern sie mich in Frieden läßt, was leider nicht immer der Fall ist.

Wie auch immer: bevor das neue Jahr mit seinen unliebsamen und liebsamen Überraschungen – das letztere ist selten, wenn nicht am Aussterben – seinen Lauf nimmt, will noch manche Träne getrocknet, manche Theorie erhärtet und manches Haar gespalten sein. Denn bald kommt schon der erste Schnee, und mit ihm kommen die ersten Loipen. Sie kommen meist aus Wanne-Eickel, oder, wie Gebildete es nennen: Castrop-Rauxel. Sie sind heterozesk, leider auch lärmend und gesellig, und pflanzen sich durch Zumutung fort. Sie gehen auf die Nerven, von wo man sie leicht durch Abruf verscheuchen kann. Nur gehen sie von dort meistens an die sogenannte Leibwäsche – Gehirnwäsche trage ich nicht, ich bin leidlich abgehärtet – und von dort schlupfen sie in unbewachten Momenten – und man kann ja schließlich nicht jeden Moment bewachen – unter die Haut, von wo man sie nicht leicht wegbekommt, denn hier vermehren sie sich. Ich finde das zwar eher unheimlich, aber dann werte ich es kurzerhand als Symptom und lege es ad acta, wo schon so manches Symptom liegt bzw. der Vergessenheit anheimfällt. Ich rate Dir, lieber Max, das gleiche zu tun – ich meine natürlich das Ad-acta-Legen, nicht das Vergessenheitanheimfallen –, falls Du es nicht schon tust und ich den Rat überhaupt von Dir erhalten habe. Ich bin, Gott sei Dank, so vergeßlich geworden.

Ich vergesse Geburtstage, Stichtage, Bundestage, Namenstage, Kragenweite, Oberweite, Unterweite, Schuhnummer und Blutgruppe, von der es, soweit ich weiß, nur drei gibt, außer einer, die selten ist, wahrscheinlich inzwischen von Sammlern aufgekauft. Manchmal vergesse ich auch Maß (ein Meter achtundsiebzig) und Ziel (Vollkommenheit), aber in solchen Fällen kann ich meinen Nächsten fragen, sofern er zur Stelle ist. Gerade in Fällen von Vergessen, Zweifeln oder Dilemmata entfernt er sich gern, und da *eine* der drei Möglichkeiten *immer* der Fall ist, habe ich diesen Nächsten noch niemals zu Gesicht bekommen. Das mag aber auch daran liegen, daß er genau weiß, wie ich ihn lieben würde, nämlich wie mich selbst, und da das nicht eben viel ist, ist er wahrscheinlich auf der Suche nach einem anderen, dessen Nächster er zu sein begehrt, einem, der sich selbst mehr liebt, als ich mich liebe, der daher auch ihn als seinen Nächsten entsprechend liebt, nämlich so wie sich selbst, oder gar nach einem, der ihn noch mehr liebt als sich selbst, womit er sich aber wohl schwertun dürfte, was ich ihm auch zu verstehen geben würde, wenn ich ihn jemals zu Gesicht bekäme. Andrerseits will ich ihn nicht hindern, einen anderen zu suchen, da ich dadurch einen anderen Nächsten bekäme, der vielleicht weniger Ansprüche an meine Nächstenliebe stellen würde, was freilich noch nicht zu bedeuten hat, daß dieser nun im Falle von Vergessen, Zweifeln oder Dilemmata zur Stelle wäre.

Dabei fällt mir ein: ich habe auch ein Problem. Wie es auf mich kam, weiß ich nicht, wahrscheinlich hat es sich allmählich gebildet, oder jemand hat es, während ich schlief, auf mich abgewälzt – ich weiß wenig über Herkunft, Genese und Zusammensetzung von Problemen, jedenfalls ist es schon länger her. Wie auch immer: mein Problem ist inzwischen ziemlich groß geworden, ja, überlebensgroß (als ob das Leben nicht schon groß genug und das Überleben überhaupt noch zu bewältigen wäre!). Es handelt sich, wie Du Dir vorstellen kannst, um ein *echtes* Problem: mit Minderem würde ich mich niemals abgeben. Es ist ein ziemlich kompliziertes Problem, und meine Freunde, oder zumindest die wohlmeinenden unter ihnen, raten mir, es zu lösen. Aber dazu kann ich mich nicht recht entschließen, ich habe mich an es gewöhnt. Manchmal frage ich mich: was wäre ich ohne mein Problem, bleibe mir freilich die Antwort schuldig. Gewiß aber wäre ich nicht derselbe, womit ich nicht etwa sagen möchte, daß ich darauf bestehe, immer derselbe zu sein. Wenn Dich mein Problem interessiert, lieber Max, was ich jedoch für wenig wahrscheinlich halte, kann ich es Dir gern einmal leihweise überlassen. Oder hast du etwa ein eigenes? Dann möchte ich Dich natürlich nicht zusätzlich belasten, denn ich weiß, wie anstrengend und zeitraubend und enervierend so ein rechtes Problem sein kann. Zudem glaube ich, aber da mag ich mich irren, daß Probleme so schwer übertragbar sind wie Identitätskarten, Identitätskrisen oder hermetische Texte oder Schwangerschaften oder Komplexe, Neurosen, Psychosen und Skabiosen, wobei ich bei dem letzteren nicht sicher bin, ob es sich um eine psychische Störung, ein Hautleiden oder einen Käfer handelt, in welch letzterem Falle sie natürlich

... mein Problem ist inzwischen ziemlich groß geworden, ja, überlebensgroß. (...) Es handelt sich, wie Du Dir vorstellen kannst, um ein echtes Problem, mit Minderem würde ich mich niemals abgeben. Es ist ein ziemlich kompliziertes Problem ...

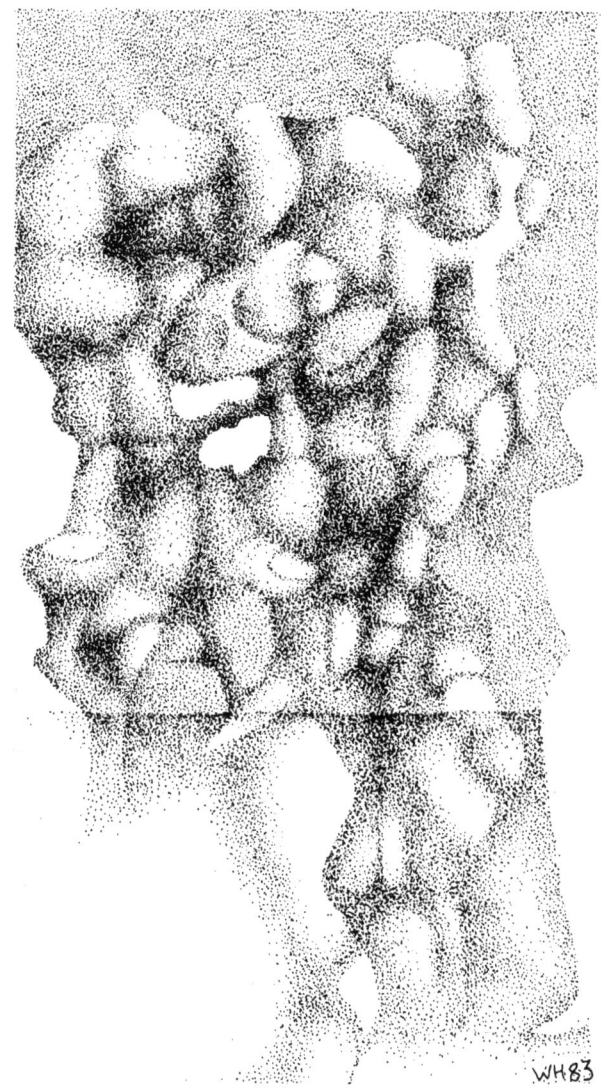

doch übertragbar wäre, aber das ist in diesem Fall natürlich gleichgültig. Ich bin sicher, Du verstehst, was ich meine.

Eine Neurose habe ich natürlich auch. Keine Zwangsneurose, sondern eine freiwillige. Sie ist verhältnismäßig leicht zu züchten, beinah noch leichter als eine Rose, weil sie wetterunabhängiger und jahreszeitlich ungebunden ist. Ein einziges Wunschtrauma genügt schon als Ausgangspunkt. Verdränge es, und alsbald vollzieht sich alles von selbst. Schon erwacht Deine Libido, frisch wie am ersten Tag, und stellt sich auf Deine Bezugsperson ein, die es sofort auf das Über-Ich – oder ist es *den* Überich? – abwälzt, ohne daß Du den geringsten Objektverlust erleidest. Du mußt nur rechtzeitig beginnen, Deine Aggressionen zu sublimieren – wozu ich Dir ohnehin raten würde –, so daß das *Es* alles wie hinter einer Schallmauer – nicht zu verwechseln mit einer Schandmauer – mithört. Dann aber – so rate ich Dir – gib's ihm gehörig. Denn eine solche Gelegenheit bietet sich selten im Leben – allerdings, wenn überhaupt, dann ausschließlich im Leben.

Geben sei seliger denn Nehmen, so heißt es in der Apostelgeschichte des Lukas. Ich finde ja, ehrlich gesagt, daß das Gegenteil der Fall ist, aber es hängt natürlich davon ab, wie man das Wort *selig* zu deuten beliebt. Wenn es soviel wie *glücklich* bedeutet, so kann ich für mich selbst nur sagen, daß ich seliger wäre, eine Million zu nehmen als sie zu geben, was mich überdies wahrscheinlich in größere Schulden stürzen würde, so daß ich gezwungen wäre, bei der Bank einen langfristigen Kredit aufzunehmen, der mit einer achtprozentigen Hypothek, gestützt durch kurzfristige Anleihen, und, da der Zinsabbau bei der Aktienbörse, der nach dem Dow-Jones-Index bei fünfzehn Prozent auf neunhunderteinundneunzig Punkte ansteigen würde, nicht eben freundlich ist, durch einige mündelsichere Pfandbriefe garantiert werden müßte. Möglicherweise aber ist in dieser Rechnung auch ein Fehler, ich bin kein *wirklicher* Experte auf diesem Gebiet. Unter uns: ich weiß noch nicht einmal, wie man einen Pfandbrief schreibt, und einen mündelsicheren schon ganz und gar nicht. Sage es aber bitte nicht weiter, es brächte mich in Verruf. Eine Sparkasse ist für mich so etwas wie ein Tscherkesse, und was eine Raiffeisenkasse ist, wage ich nicht zu denken, es erinnert mich an ein mittelalterliches Foltergerät. Ich weiß nur, daß *Haben* besser ist als *Sollen*. Wenn Du das noch nicht wußtest, solltest Du es Dir merken und entsprechend handeln, also lieber nehmen als geben. Jedenfalls solltest Du den Rat eines Fachmannes beherzigen, wenn Du weißt, wie man beherzigt.

Bedeutet das Wort *selig* aber *seligmachend* im religiösen Sinne, so muß ich mich über die krasse Unmoral dieser Behauptung wundern. Denn indem ich gebe, mache ich den, d e m ich gebe, zum Nehmer und beraube ihn damit seiner Seligkeit, zumindest auf dem Gebiet der Besitzverhältnisse und damit natürlich der Liquidität – ob er den Verlust auf andere Arten wettmachen kann, weiß ich nicht, dazu kenne ich ihn zu wenig –, ich handle also sehr egoistisch, um mir meine Seligkeit zu erkaufen, es sei denn, ich wäre sicher, daß auch der Nehmer die Behauptung im ethischen Sinne auszulegen bereit ist und die Gabe sofort weitergibt, um einen anderen, dessen strenge Prinzipien er kennt, zum Nehmer zu machen, selbstverständlich ohne Nutzen aus der Gabe zu ziehen, damit er *seiner* Seligkeit teilhaftig werde. Aber auch dieser neue Nehmer legt Wert auf seine Seligkeit und überweist die Summe auf das Konto eines Dritten, der sie, christlich wie er ist, an einen Vierten weitergibt, der nun aber auch nicht gewillt ist, auf seine Seligkeit zu verzichten, und daher die Summe, inzwischen wohl oder übel durch Zinsen erheblich vermehrt, auf das Konto eines Fünften überträgt, und so weiter, bis es irgendeinem, dem seine Seligkeit egal ist, beliebt, das Geld zu behalten, und er es bei lockerem Lebenswandel vergeudet oder, wenn man so will, verpraßt. Wem also seine Seligkeit etwas bedeutet – und da gibt es mehr, als man gemeinhin annehmen möchte! –, der werfe die Gabe rasch von sich, etwa wie ein heißes Eisen, oder schütte sie ins Meer, wie in Brasilien den Kaffee. Aber darüber steht bei den Aposteln nichts, es gab auch damals noch keinen Kaffee. Jedenfalls ist es immer besser, leicht zu reisen, ohne Last oder Ballast, ohne Stein auf dem Herzen oder in der Niere oder im Brett, ohne Brett vor dem Kopf, vor allem keinem aus Kerbholz, ohne Kopf in der Schlinge oder in den Wolken, ohne Zacken in der Krone, vor allem aber ohne Umschweife, deren Schädlichkeit meist zu spät erkannt wird, weshalb man beim ersten Symptom den Arzt aufsuchen sollte.

Ich wäre gern ein anderer geworden, Du auch? Aber damit hätten wir früher beginnen müssen, jetzt ist es zu spät. Nicht so übel wäre es auch, gar nicht erst geboren zu sein, aber das kommt immer seltener vor, ich könnte Dir da kaum irgendwelche Fälle nennen, es sei denn auf Anhieb, aber das willst Du gewiß nicht, mit Recht übrigens, ich mag so etwas auch nicht. Man hat uns nun einmal das Leben geschenkt – ich finde diese Redensart zwar höchst euphemistisch, aber wie auch immer: Geschenke von Eltern oder solchen Personen, die durch den Schenkungsakt erst zu Eltern *werden*, kann man weder zurückweisen noch weitergeben, denn man fände nicht die rechten Abnehmer. Außerdem beherrscht man gewöhnlich zur Zeit der Schenkung noch nicht das rechte Vokabular, um die Sache für andere schmackhaft zu machen. Nun ja, die Rückgabe wäre ohnehin schlecht möglich. Nur wundere ich mich, daß die sofort nach dem Schenkungsakt einsetzenden Protestschreie des Beschenkten die Schenker nicht stutzig machen. Möglicherweise aber sind sie schon stutzig, nur die Beschenkten merken es nicht, da ihnen ja in diesen Dingen noch die rechte Erfahrung fehlt. Aber wir hätten als Beschenkte ohnehin nicht die Gelegenheit, diese Stutzigkeit auszunutzen, wir wüßten nicht, wo wir ansetzen sollten. Und so beginnen wir denn wohl oder übel mit dem Leben, als ob nichts geschehen wäre.

Im Deutschen ist übrigens Lebensgefahr und Todesgefahr dasselbe. Das gibt zu denken. Denn das hat ja zu bedeuten, daß zum Beispiel Gewöhnungsgefahr dasselbe wäre wie Entwöhnungsgefahr und Einsturzgefahr dasselbe wie Stehenbleibgefahr. Da stimmt etwas nicht. Leider entgehen dieser Einsturzgefahr vor allem architektonische Monstrositäten, während der Lebensgefahr, genaugenommen, nur eine Totgeburt entgeht.

Seit Jahren nehme ich Psychopharmaka, die bekanntlich persönlichkeitsverändernd sind, und warte darauf, daß man mich nicht mehr erkennt. Aber die Leute erkennen mich sofort, auch wenn ich *sie* nicht erkenne, vielleicht nehmen sie wirksamere Psychopharmaka. Möglicherweise also sind ihre Persönlichkeiten schon so verändert, daß sie *mich* als einen völlig anderen erkennen, der ich freilich auch wäre, wären meine Psychopharmaka so wirksam wie die ihren, so daß man sich sozusagen auf einer anderen Ebene wiedererkennt, es sei denn, die Ebenen wären gerade *durch* die ähnliche Zusammensetzung der Psychopharmaka wieder dieselben geworden, so daß ich mit meinen unzulänglichen Psychopharmaka sozusagen wieder allein dastünde. Dagegen spräche freilich der Umstand, daß mich auch Leute, die *keine* Psychopharmaka nehmen, sofort und unfehlbar wiedererkennen und damit de facto die Verschiedenheit der Ebenen demonstrieren, es sei denn, ich deute dieses Verhalten durch eine Überdosis von Psychopharmaka falsch. Auch weiß ich nicht, ob andere Psychopharmakanehmende einander so schnell wiedererkennen, wie sie es zu Zeiten taten, als sie noch *keine* Psychopharmaka nahmen, das heißt, vielleicht halten auch *sie* einander für andere, und, wer weiß, vielleicht *sind* sie es auch, nur *ich* bin, trotz Psychopharmaka, auch objektiv derselbe geblieben, während andere, auch solche, die *keine* Psychopharmaka nehmen, sich verändert hätten, so daß Psychopharmaka sie wieder zu denselben machen würden, die sie waren.

Letztlich läuft eben alles wieder auf die Frage hinaus: wer bin ich? Die hinlänglich bekannte Frage nach der Identität, die man selbst, Psychopharmaka oder nicht, sofort als solche wiedererkennt, sofern man etwas, was einem zum Hals heraushängt, überhaupt noch erkennt, vor allem, wenn man eben doch Psychopharmaka nimmt. Manche greifen da zu den Handbüchern ›Wer ist wer auf der Welt?‹, die mich eher verwirren. Wer ist denn nun *wirklich* wer?

Weißt *Du* es? Dann bitte ich Dich, es mir mitzuteilen, am besten brieflich. Manch einer ist ja auch auf der Suche nach seiner Identität abhanden gekommen, aber unglücklicherweise kehren die meisten mit ihrer wiedergewonnenen Identität zurück und verzichten fortan auf Psychopharmaka. Daß die Identität, die sie gefunden haben, meist nicht die ihre ist – sondern die eines, der die seine freiwillig abgeworfen hat –, merken sie nicht, sonst würden sie rückfällig. Sie fühlen sich wohl überall und bei allen, vor allem aber in ihrer Haut.

Nun, wie dem auch sei: ich wäre gern ein anderer geworden, zum Beispiel einer, der wider den Stachel löckt, aber ich weiß nicht, wie man löckt, kenne auch keinen, der es mir sagen könnte oder der es gar tut, es sei denn, er löcke insgeheim.

Vielleicht hätte ich einsamer Rufer in der Wüste werden sollen, aber das erschien mir allzu pathetisch und unzeitgemäß. Gewiß, wenn niemand zuhörte, wäre ich mit meinem Pathos allein, aber vielleicht eben doch *zu* allein, so daß dieses Pathos verschwendet wäre. Überdies macht diese Tätigkeit heiser. Vielen dieser Rufer ist die Kehle ausgetrocknet, so daß sie sich eine andere Berufung wählen mußten.

Gern wäre ich zum Beispiel Durchmesser, ein Beruf von erheblicher Trag- und Spann-Weite, umsichtig und aussichtig, dazu von wunderbarer Gedankenfreiheit, wenn nicht gar Wertfreiheit. Aber zu meiner Jugendzeit – ich habe, wie Du weißt, Kasuistik und Weinbau studiert, bin also sozusagen Vollkasuist und Vollweinbauer – standen diese Gebiete noch in ihren Kinderschuhen, die leider nicht mehr das sind, was sie einmal waren, darunter haben vor allem die Kinder zu leiden. Nun sind freilich auch die nicht mehr, was sie einmal waren. Nimm zum Beispiel mich: ich bin jetzt fünfundsechzig, und wenn Du dies liest, sofern Du es liest, bist Du einundsiebzig oder gar zweiundsiebzig, und ich wäre beinah siebenundsechzig, ob Du es liest oder nicht. Da ich weiß, daß Du langsam liest, sind wir beide auch vielleicht noch älter. Ich bin nämlich auch alles andere als ein schneller Leser und übrigens ein schneller Brüter schon ganz und gar nicht. Im Gegenteil, ich brüte oft tagelang über einem Satz, und oftmals ist das, was auskriecht, nicht der Rede wert. Aber der Redewert ist wieder ein anderes Gebiet, kein erfreuliches, das heißt, es kommt wohl darauf an, was man daraus macht, worin es sich eigentlich nicht von anderen Gebieten unterscheidet.

Als einem Vollweinbauern hat man mir öfters, und zwar meist von wohlmeinender Seite, nahegelegt, Edelzwicker zu werden. Aber dazu eigne ich mich nicht recht. Ich finde nämlich, daß das Edle die Vulgarität des Zwickaktes nicht aufwiegt, es verbrämt nur die anrüchige Absicht. Ich sehe da einen Vertreter, der bei einem sogenannten Bierchen sitzt und der Schankmaid unter die Röcke greift. Wo bleibt da das Edle? Da ist natürlich ein rechter Gewürztraminer aus anderem Schrot und Korn, wie er den Gefahren unwirtlicher Regionen und widerwärtiger Jahreszeiten trotzt und bei Sturm, bei Wind und Wetter – vor allem dem letzteren – die Gewürze des Lebens über dürre Hochebenen und verschneite Pässe traminiert, ohne irgend etwas zu verschütten. Aber solchen Strapazen bin ich nicht mehr gewachsen. Möglicherweise aber sehe ich die Sache zu romantisch, ich sehe ja so manches zu romantisch. Andrerseits sehe ich vieles auch nicht romantisch genug.

Als Kind wollte ich Reichsverweser werden, wie weiland – schönes Wort: Weiland, es klingt irgendwie nach Auferstehung oder ähnlichem –, also wie weiland Admiral Horthy, der, nachdem er als Konteradmiral die ungarische Flotte erfolgreich auf dem Neusiedlersee und dem Plattensee befehligt hatte, das ungarische Reich verweste. Heute ist es kaum noch zu gebrauchen.

Mir imponieren übrigens auch diese Aussteiger. Ein stilles beschauliches Dasein als Schafhirte oder Blumengärtner oder Obstzüchter an den Nagel zu hängen, um mit maximaler Energie in die Schwerindustrie einzusteigen und als Topmanager der stahlverarbeitenden Sparte einer Koronarthrombose entgegenzuleben, das erfordert den Einsatz des ganzen Mannes, bedingungslos und unerbittlich. Lange habe ich ja die Koronarthrombose nicht gerade für eine Blume, aber für ein spätbarockes fanfarengleiches Blasinstrument gehalten, ja, ich meinte sogar ein Konzert für Koronarthrombose und Orchester in fis-Moll gehört zu haben, bis ich erfuhr, daß es sich um eine meist letale Durchblutungsstörung der Herzkranzgefäße handelt – also von Musik keine Spur. – Aber der Schrecken über dieses Mißverständnis hat sich längst gelegt, und nun liegt er hier bei mir und hat mich liebgewonnen, ich habe mich daran gewöhnt, mit ihm zu leben.

Gern wäre ich zum Beispiel auch Ordinarius für Tautologie an der Universität Kandersteg geworden. Aber um diesen Lehrstuhl reißen sich manche, die weitaus qualifizierter sind, als ich es bin. Letzten Endes bin ich ja nur ein tautophiler Dilettant. Man soll sich über die eigenen Fähigkeiten keiner Täuschung hingeben, obgleich es auch da andere, durchaus ernstzunehmende, Meinungen gibt, von denen ich freilich keine zitieren könnte.

Oder auch Marktforscher mit einem eigenen Institut und zwei Assistenten. Ich würde mit meiner Forschung bei den Ursprüngen ansetzen, den Märkten zu assyrischer Zeit, über die viel zu wenig bekannt ist. Dann zur Agora von Athen zu perikleischer Zeit und weiter über die mittelalterlichen Kirmessen mit Maibaum, Blutwurstbuden und Ablaßkrämereien, zwischen denen die Fiedel, der Zinken und das Krumbholz dem Volke zum Veitstanz aufspielten, während an den Stein- und Bretterwänden die Besoffenen, die Krüppel und Aussätzigen sich wälzten, ihren Hirsebrei löffelten und brüllend und lallend ihre fetten Almosen verspielten – das muß übrigens ein ohrenbetäubender Lärm gewesen sein, so daß man sein eigenes Wort nicht mehr verstand, aber damals gab es noch nicht so viele Wörter, und eigene schon ganz und gar nicht. Ich finde es ja völlig gleichgültig, ob man sein eigenes Wort versteht oder nicht, solange es der versteht, an den es gerichtet ist. Aber ich weiß, daß viele anders darüber denken, was aber nicht hilft: sie werden ihr eigenes Wort niemals verstehen.

Weiter, zu den Jahrmärkten der Eitelkeiten, wo so mancher oder so manche seine oder ihre Haut zu Markte trägt – nicht zu reden von Darunterliegendem, obgleich auch das nicht uninteressant ist –, bis zu den Jahrmärkten unserer Kindheit, mit Zuckerstangen, Geisterbahnen, Plüschaffen, Krachmandeln, Gruselkabinetten und bärtigen Frauen. Aber die sind nicht mehr zu erforschen, ich meine die Jahrmärkte, nicht die bärtigen Frauen, aber die auch nicht, dann schon eher die Gruselkabinette und ihre Variante, die Folterkammern. Es ist eben alles so lange her, lieber Max, findest Du nicht? Und was nicht lange her ist, veraltet von einem Tag auf den anderen, schneller als das längst Vergangene. Der Hormonhaushalt von gestern ist die Familienplanung von heute und das Umweltproblem von morgen, falls es dieses Morgen noch geben sollte. Wer zum Beispiel denkt heute noch an Gunther Sachs oder an Brigitte Bardot, an Thurn oder an Taxis, nicht zu reden von Kaiserin Soraya oder den Weltraumfahrern, die man bekanntlich heute im Druckgußverfahren aus Polyester herstellt – schon haben hochbegabte Schüler ein Modell der Milchstraßensonde gebastelt und sind vom Weltwissenschaftsrat dafür gebührend belobigt und mit einem zweiwöchigen Aufenthalt in Disneyland oder auf den kanarischen Inseln belohnt worden. Was gestern noch Hintergedanke war, hat heute Spruchreife, wenn nicht gar Druckreife erreicht und landet morgen beim alten Eisen. Ich rate Dir daher, wie ich es getan habe, Dir gleich ein paar Klafter davon anzuschaffen, am besten mit Rostfreiheit, für deren Aufrechterhaltung der Schrotthändler geradezustehen hat. Achte darauf, daß es nicht zu heiß ist. Überhaupt, ›Eindecken‹ ist die Losung des Tages, wenn nicht das Gebot der Stunde, ›Eindecken‹, und zwar mit Großem, wie etwa einer prallen Immobilie, wie mit Kleinem, etwa ein paar Kurzwaren. Eine Kurzware hat schon manche Lücke gefüllt, ich glaube, dazu ist sie auch da. Dennoch, es ist besser, erst gar keine Lücke zu lassen, für die man vielleicht sogar noch zu büßen hätte. Übrigens solltest Du Dir auch, für den Fall von Erdbebengefahr, die ja bekanntlich an Aktualität gewinnt, bis sie schließlich von Erdbeben so verdrängt sein wird, daß niemand mehr an sie denkt, eine Richterskala anschaffen, die es – wie man sagt –

preisgünstig zu kaufen gibt. Sieh zu, daß sie nach oben offen ist. Überhaupt, von Dingen, die nach unten offen sind, möchte ich Dir abraten.

Wenn ich höre ›offene Formen‹, was hier in meinem Gebirgsdorf sehr selten vorkommt, muß ich immer an die bunten gerippten Blechformen denken, mit denen die Kinder an den Stränden Sandkuchen backen oder vielmehr *büken*, wenn es noch Strände gäbe. Manchmal denke ich aber auch an unseren großen toten Freund und an die Ziegeleien seiner Kindheit, die lagen in Lebus – wird auf der zweiten Silbe betont und nach der vierten Deklination dekliniert, *nicht* nach der zweiten Deklination, also nicht Lebus, lebi, sondern Lebus, leboris usw. – an der Oder, oder, genauer, zwischen der Oder und der Entweder, nicht aber, wie manche meinen, zwischen der Weser und der Entweser, auch nicht zwischen der Oser und der Weser, bekannt für ihre Renaissance, an der sich vor allem Heimatforscher delektieren. Weser, nicht zu verwechseln mit Verweser, ist ja ein Beruf geworden, Heidegger hat ihn geschaffen und als erster mit erklecklichem Erfolg ausgeübt. Kein anstrengender Beruf übrigens, eher kontemplativ als lukrativ, in Grenzen auch kreativ, vor allem aber tief. Nun, wie jemand einmal – vielleicht auch mehrmals oder sogar immer – gesagt hat: man kann nicht *alles* haben. Aber das ist *wieder* ein anderes Gebiet. Es gibt eigentlich ziemlich viele Gebiete, findest Du nicht?

Aber zurück zu unserem toten Freund! Erinnerst Du Dich? Er wußte niemals, ob er seine Rechnung *mit* dem Wirt *ohne* den Himmel machen sollte, oder *ohne* den Wirt *mit* dem Himmel. Schließlich hat er keines von beiden getan. Friede seiner Asche, wohin immer es sie geweht haben mag.

Ich dagegen stehe auf einem festen Standpunkt, zu dem, nachdem ich die Brücken verbrannt habe, ein windschiefer Holzsteg führt, der zur Zeit der Schneeschmelze nicht ganz ungefährlich ist. Wo andere ihren Horizont haben, habe ich Berge, an die man sich übrigens gewöhnt, man muß ihnen ein wenig entgegenkommen, vor allem am Anfang. Später kommen *sie* einem entgegen, vor allem bei Föhn – da hilft denn auch nur die Augen schließen, das heißt, es hilft gegen die entgegenkommenden Berge, nicht aber gegen Föhn. Dafür liegt das Gute nah, in Reichweite, so daß ich manchmal, wenn die Lust mich ankommt, sogar frohlocke, ohne daß ich befürchten muß, Nachbarn damit aufzuschrecken, deren ich freilich nur *einen* habe, oder vielmehr hatte, oder besser: es war eine Nachbarin, ein schlohweißes Mütterchen – Du weißt ja, *wie* weiß so ein rechter Schloh sein kann, und kannst es mir bei Gelegenheit erklären, es eilt aber nicht –, jedenfalls ein idealer Platz für das Gespräch. Ich meine natürlich das *echte* Gespräch, auf anderes lasse ich mich gar nicht erst ein. Nur eben meist kein Partner. Bleibt also das

echte Selbstgespräch. Da ich akzentfrei Mittelhochdeutsch spreche, so daß mich schon mancher für
einen Mittelhochdeutschen gehalten hat – ein Mißverständnis, das ich in den meisten Fällen klären
konnte, sofern ich es klären *wollte*, was durchaus
nicht immer der Fall war –, halte ich auch meine
Selbstgespräche meist auf Mittelhochdeutsch, ohne
dabei befürchten zu müssen, daß jemand mitschnei-
det oder gar zuhört, geschweige denn antwortet. Im
Winter höre ich von weither den Eisvogel tirilieren
und das Schneehuhn balzen und umgekehrt. Es
klingt, ehrlich gesagt, abscheulich, aber es sind die
einzigen Vögel, die noch klare Umlaute artikulieren,
die natürlich nichts mehr nützen, aber das ist nicht
ihre Schuld, sie tun ihr Bestes. Zur Brunftzeit stoßen
sie sogar hin und wieder einen Diphtong aus, aber
das geschieht so selten und unregelmäßig, daß es
ornithologisch nicht ins Gewicht fällt. Aber wie ich
es sehe, verschmerzt man das leicht, vor allem natürlich, wenn man auf dem Gebiet der Ornithologie
ohnehin niemals recht heimisch geworden ist, was
bei mir der Fall ist. Wie ist es bei Dir?

*Wo andere ihren Horizont haben, habe ich Berge, an die man
sich übrigens gewöhnt, man muß ihnen ein wenig entgegenkommen, vor allem am Anfang. Später kommen sie einem
entgegen, vor allem bei Föhn – da hilft denn auch nur Augen-
schließen, das heißt, es hilft gegen die entgegenkommenden
Berge, nicht aber gegen Föhn.*

Im Frühjahr höre ich das Gras wachsen. Mitunter klingt es ein wenig schrill, dann aber doch wieder so verlockend, daß ich hineinbeißen möchte, welcher Verlockung ich bisher widerstanden habe. Ja, lieber Max, ich habe, weiß Gott, lange genug das Weite gesucht, aber ohne jemandem zu nahe treten zu wollen, was, wie Du weißt, ohnehin nicht meine Art ist, darf ich von mir sagen: ich habe es gefunden.

Es geht mir also gut. Ich wache auf mit einem Lied auf den Lippen, was allerdings insofern ein wenig langweilig wird, als es immer dasselbe Lied ist. Es handelt sich um ›Fuchs, du hast die Gans gestohlen‹, um ein Thema also, das mich, obgleich aktiver Tierfreund, im bewußten Leben verhältnismäßig wenig beschäftigt. Ich habe mich schon gefragt, ob es an meinen Lippen liegen könnte, die mitunter ein wenig trocken sind, und habe mir pH5-Eucerin gekauft, auf dessen Tube steht, daß es sich um ›im sauren Bereich gepufferte Salbe‹ handle. Ob das positiv oder negativ zu werten ist, weiß ich nicht, es kommt wohl darauf an, *wie* sauer der Bereich ist und bis wohin er sich ausdehnt. Eine Zeitlang war das Lied meiner Lippen: ›Sah ein Knab' ein Röslein stehn‹, aber spätestens bei der Passage ›Mußt' es eben leiden‹, die ich übrigens für schwach halte, hörte ich auf, denn inzwischen hatte sich mein Sinnen und Trachten auf das Wachen eingestellt, in dessen Programm der Gedanke über das Leid einer gebrochenen Blume nicht enthalten ist. Und ihn jetzt aufzunehmen gestattet unsere Zeit nicht. Das Trachten habe ich übrigens inzwischen aufgegeben, es kam nichts Rechtes dabei heraus.

Früh morgens, also nach dem Lied, vor allem dann, wenn mir der Sinn danach steht, wenn überdies unser Witterungsabschnitt von milden atlantischen Luftmassen durchdrungen oder – besser noch – getränkt wird, ein eventuelles Azorentief von unserem Kontinent noch weit entfernt ist, daher keine Gefahr besteht, daß Tiefausläufer mit Schauerstaffeln mein nicht gerade unbändiges, sondern meistens eher bändiges Lebensgefühl beeinträchtigen, gehe ich gern in die Binsen. Ich bahne mir vorsichtig meinen Weg durch Stengel und Halme, um kein Nest zu beschmutzen, denn die Binsen sind nicht nur voller Wahrheit, sondern auch und vor allem voller Vögel – oft weiß ich nicht, wo Binse beginnt und Vogel aufhört –, es handelt sich meist um Wachteln, Kiebitzregenpfeifer, Gelbspötter, Kolkraben, Buchfinken und Baßtölpel, welche letztere Bezeichnung nicht etwa, wie man annehmen möchte, einem Opernsängerfach gilt, sondern einer Art Pseudokormoran. Einmal habe ich mit dem Feldstecher einen Schmalkaldener Mohrenkopf ausgemacht, er sah aus wie eine Taube, was er eigentlich, natürlich ohne es zu wissen, auch ist. Er ist selten, außer verständlicherweise in Schmalkalden, das bekanntlich voller Mohrenköpfe ist wie der Harz voller Roller und Appenzell voller Appenzeller.

Dann komme ich zum See, der still ruht, manchmal lächelt und zum Bade ladet. Ich widerstehe dieser Ladung, ich kann eigentlich allem widerstehen außer der Versuchung, Du auch? Das Wasser ist tief, das entnehme ich seiner Stille, und hat, ich möchte beinah sagen, wenn auch keineswegs steif und fest behaupten, etwas Heilig-Nüchternes. Jedenfalls ist es so nüchtern, daß es diese Schwäne, die mitunter volltrunken sind von Küssen, deren Geber ich übrigens nicht kenne und auch niemals hier angetroffen habe – vielleicht küssen auch sie nur nachts –, wieder nüchtern macht, vielleicht sogar heilig-nüchtern, aber da bin ich nicht völlig sicher, denn im Heiligen kenne ich mich nicht recht aus. Fischen tue ich nicht, dazu ist das Wasser nicht trüb genug, ich glaube, Heiliges ist niemals trüb, aber da mag ich mich natürlich irren.

Auf dem Heimweg rufe ich dann manchmal in den Wald hinein, warte aber nicht, bis es heraustönt, weiß also weder, wie es klingt, noch nach welcher Zeit dieses akustische Phänomen zu wirken beginnt. Auch habe ich noch niemals etwas von anderen in

... ich bahne mir vorsichtig meinen Weg durch Stengel und Halme, denn die Binsen sind nicht nur voller Wahrheit, sondern auch und vor allem voller Vögel – oft weiß ich nicht, wo Binse beginnt und Vogel aufhört ...

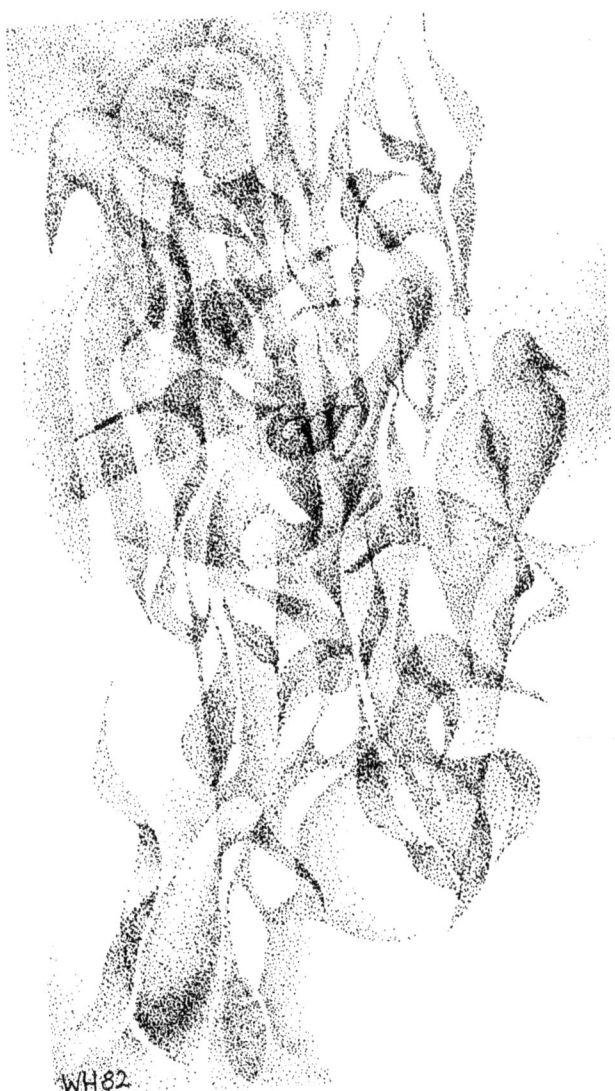

den Wald Hineingerufenes heraustönen gehört. Aber das mag daran liegen, daß hier nicht viele Leute vorbeikommen, und von diesen wenigen wahrscheinlich noch weniger, die in den Wald hineinrufen, sofern es *überhaupt* vorkommt. Wenn aber doch, so haben vielleicht manche *meinen* Ruf gehört, aber wohl kaum verstanden, denn ich rufe auf mittelhochdeutsch. Und daß Mediävisten vorbeikommen, geschieht gewiß nur jedes Schaltjahr, und dann auch kaum regelmäßig. Jedenfalls habe ich hier noch keine Menschenseele angetroffen und eine andere erst recht nicht, dann schon eher eine Menschenseele. Nun stößt man ja auch nicht eben oft auf eine Seele, die sich vom Körper befreit hat. Das Gegenteil ist wesentlich häufiger, wenn wohl auch nicht die Regel.

Still ist es hier wie im alten Wald der Sage, oder ungefähr so still. Nur auch hier hin und wieder ein Vogel, dessen lautes gurgelndes Gepiepse die Teilnehmer und Delegierten des Kongresses für Fragen der Menschheit, der Menschlichkeit und des Gefühls in Pittsburgh, Ohio, im Jahr 1904 in der Endabstimmung mit geradezu überwältigender Mehrheit als schön zu betrachten beschlossen haben. Die Gegner dieses Beschlusses, allesamt in solch schwindender Minderheit, daß man sie kaum wahrnahm und keiner von ihnen ins Gewicht fiel, wurden, wie sie da waren, einer nach dem anderen, verteufelt und sind es geblieben bis ins dritte und vierte Geschlecht.

Allerdings bellt manchmal nachts auf einem einsamen Hof am Waldrand ein Hund. Zwar sage ich mir dann, daß Hunde, die bellen, nicht beißen, aber dieses beruhigende Diktum will mich nicht recht überzeugen, denn das weiß zwar der Mensch, die Frage ist, ob auch der Hund es weiß. Wir machen uns ja von seinem Wissen keinen rechten Begriff. Die Tatsache, daß er des Menschen bester Freund ist, würde eher für die Dürftigkeit seiner geistigen Anlagen sprechen, wären wir sicher, daß der beste Freund des Hundes der Mensch wäre, was nicht bewiesen ist. Genaugenommen hätte die Behauptung über Biß und Bellen ja auch zu bedeuten, daß Hunde, die beißen, nicht bellen. Daß es also, außer der Einteilung in zweihundertzweiundvierzig Hunderassen – ich selbst komme immer nur auf zweihundertvierzig, weil ich das mongoloide Windspiel und den niedersächsischen Triefköter vergesse –, daß es also außer dieser Aufteilung noch eine andere gibt, nämlich in solche Hunde, die bellen, und solche, die beißen. Vielleicht halten sich deshalb manche Leute zwei Hunde, einen, der bellt, und einen, der beißt, was aber insofern müßig ist, als entweder der Bellende den Angebellten verscheucht, bevor der Beißende Gelegenheit hat zuzubeißen, oder aber dieser beißt und macht den Bellenden brotlos, indem er ihm zuvorkommt. Möglicherweise aber erfolgen Biß und Bellen gleichzeitig, denn der bellende Hund braucht ja dem Opfer nicht so nahe zu kommen wie der beißende, oder einer tut beides – das sollte möglich sein, es gibt ja auch Menschen, die beim Kauen sprechen. Vielleicht gibt es aber auch Hunde, die weder bellen noch beißen, nur fragt man sich dann: wozu der Hund? Natürlich ist da noch die Jagd zu berücksichtigen, aber das risse ein Gebiet auf, das mich allzu wenig interessiert, was Du mir nicht verübeln wirst, denn ich denke, es ist auch Dir fremd. Jedenfalls ist das potentielle Opfer Pessimist – optimistische Opfer gibt es nur sehr selten und bei uns überhaupt nicht – und hält es daher für wahrscheinlicher, daß, wie ich oben erwogen habe, ein einziger Hund beide Funktionen übernimmt, nämlich das Opfer zuerst anbellt und dann beißt, oder natürlich umgekehrt – obgleich es dann, vom Standpunkt des Opfers gesehen, nicht mehr darauf ankommt, ob der Biß dem Bellen voranging oder das Bellen dem Biß. Vom Standpunkt des Hundebesitzers freilich sieht die Sache anders aus, für ihn handelt es sich um Rationalisierung, er erspart sich die kostspielige Haltung eines zweiten Hundes, denn es ist ja nicht so, daß sich der beißende Hund gleich ein Stück vom gebissenen Opfer abbeißt. Das heißt, er beißt nicht primär aus Ernährungsgründen, obgleich das letztere für den Hundebesitzer ohne Zweifel wünschenswert wäre, denn Hundenahrung ist der Teuerung besonders massiv unterworfen, ein Stück Hundekuchen kostet das Doppelte des Preises vom jeweiligen Vorjahr, wie mir neulich der Herr über zwei besonders scheußliche, aber treue illyrische Blutdoggen versicherte, unaufgefordert, versteht sich.

Gewiß, schön wäre es, wenn man dieses höchst ambivalente Sprichwort beim Wort nehmen könnte, so daß ich beim Bellen des Hundes dort hinten am Waldrand denken dürfte: wäre ich jetzt auf einem einsamen Spaziergang im Genuß der Nachtluft, so würde mich dieser bellende Hund jedenfalls nicht beißen. Andrerseits wüßte ich ja nicht, ob neben ihm, in tiefes Schweigen gehüllt, ein zweiter Hund ungeduldig wartend läge und sich, keuchend vor Blutrunst, auf das Beißen vorbereitete. Dazu kommt, daß ich diesen einsamen Spaziergang ja nur machen würde, um die Ruhe der Nacht zu genießen und ihrer besänftigenden Wirkung teilhaftig zu werden, was der bellende Hund vereiteln würde. Aber wäre nun alles nächtlich ruhig und friedlich, kein Bellen irgendwo, und plötzlich träte ein schweigender Hund aus dem Dunkel und bisse mich, so wäre ich auch wieder nicht zufrieden. Manchmal weiß ich wirklich nicht, ob *ich* schwierig bin oder ob alle anderen schwierig sind, nur ich bin der einfachste Mensch der Welt, oder, sagen wir, *einer* der einfachsten, ich erhebe niemals den Anspruch auf Einmaligkeit, vielleicht zu Unrecht.

Sonst aber ist mein Standpunkt klar und fest und entschieden, läßt nicht oder ungern an sich rütteln. Ein luftiger Platz über weichen Matten und triftigen Gründen, hoch und erhaben. Daß das Erhabene nicht weit vom Lächerlichen angesiedelt ist, habe ich hier noch nicht zu spüren bekommen.

Von hier sah ich neulich doch tatsächlich das Ding an sich. Es lag in einem Dickicht von Rotdorn, Blaudorn, Hagedorn, Hagebutte, Heilbutte und Männertreu, wie von einem Riesenvogel abgelegt, in ein umzingeltes Nest, in dem niemand es fände, und ein Denker schon ganz und gar nicht. Es war einerseits rund, andrerseits eiförmig – Du kennst ja dieses ewige Einerseits-Andrerseits – und hatte die Größe etwa eines Medizinballes, so wie ich ihn mir vorstelle – wie *Du* Dir einen Medizinball vorstellst, weiß ich natürlich nicht –, es war grünlich-grau, unscheinbar, auch unbeschreibbar, jedenfalls keines Aufhebens wert. Dennoch muß jemand es aufgehoben haben, es sei denn, der Wind habe es verweht oder entschweben lassen, aber dazu schien es mir zu gewichtig. Vielleicht hat es sich aufgelöst, ich denke, vielleicht ist ein oder sind mehrere Kantianer vorbeigekommen, die wußten, daß das Ding an sich sich dem Aufheben entzieht und durch den Versuch der Inbesitznahme aufhört zu sein. Wahrscheinlich wollten

Von hier sah ich neulich doch tatsächlich das Ding an sich. Es lag in einem Dickicht von Rotdorn, Blaudorn, Hagedorn, Hagebutte, Heilbutte und Männertreu, (...) es war einerseits rund, andrerseits eiförmig ... und hatte die Größe etwa eines Medizinballes ...

WH 82

sie es daher nur aus der Ferne betrachten und wußten nicht, daß es sich auch der Betrachtung widersetzt, was ich ihnen hätte sagen können. Jedenfalls handelt es sich wieder um eines jener Rätsel, die immer dann entstehen, wenn das Resultat eines Denksystems sich in die Wirklichkeit verirrt, in der es nichts zu suchen hat. Denn um ein Begriff zu bleiben, muß sich ja das Ding an sich, im Gegensatz zu uns Menschen übrigens, jeglichem Zugriff entziehen. Quod erat demonstrandum.

Nun ja, es kommen eben doch hin und wieder Leute vorbei, freilich mehr Hegelianer als Kantianer, jedenfalls meist Zeitgenossen, um nicht zu sagen Mitmenschen – dann besucht mich auch dieser und jener, um Gemeinsames festzustellen, was so gut wie niemals gelingt. Denn um Mißverständnisse zu vermeiden, vor allem Verständnissen vorzubeugen, ziehe ich mich auf mein Mittelhochdeutsch zurück, und damit mache ich mein Gegenüber sprachlos, was es zwar meist ohnehin schon ist, aber nicht weiß; – wie viele denken, das Gegenteil sei der Fall! Im allgemeinen lebe ich zurückgezogen, spreche wenig, lese hin und wieder ein gutes Palimpsest oder den Satz des Anaximander oder einen luftigen Flattersatz, oder ich spiele auf der Okarina eine Weise oder Teilweise von Liebe und Tod, manchmal auch von Werden und Vergehen. Neulich war ich sogar bei einer Gesellschaft. Ich sah sofort, daß sie verändert werden müsse, veränderte sie und ging früh nach Haus.

Seitdem habe ich auch zu Gesellschaften keine Lust mehr.

Im Spätsommer ist übrigens der Sensenmann vorübergeritten. Wir standen noch untätig vor der zweiten Mahd, noch standen Butterblume, Kartoffelkraut und Blattspinat in voller Blüte, es wehte durchs Espenlaub, die Wiesen waren noch nicht unverblümt, Mauersegler und Kropfschwalben zogen allabendlich und allfürchterlich kreischend über meinen und andere Standpunkte, der Salat stand kurz vor dem Schießen – da reitet doch tatsächlich dieser Sensenmann heran. Leicht klappernd und knirschend saß er ein wenig gebeugt – er ist ja der Jüngste nicht mehr, was er mit uns gemeinsam hat – im Sattel seiner Schindmäre. Wir hatten einander lange nicht gesehen – genaugenommen hatten wir uns noch nie gesehen, aber so genau nehme ich es mit dieserlei Begegnungen nicht, und ich weiß, warum! – und ich rief, vielleicht ein wenig zu übermütig – denn er ritt vorüber, hatte also nicht mich aufs Korn genommen, sondern das schlohweiße Mütterchen, das, nach einem schweren Leben voller Mühsal und Leid, angesichts des Todes ausgerufen haben soll: das hat mir gerade noch gefehlt! –, ich rief ihm also zu: ›Tod, wo ist Dein Stachel?‹ – ›Abgelöckt!‹ rief er zurück, vielleicht ein wenig zu siegessicher für meinen Geschmack, den Du ja kennst, denn er weiß natürlich, daß ich zwar das letzte Wort haben werde, aber er hat die Letzten Dinge, sozusagen – und dann ruft mir dieser Kerl doch tatsächlich zu: ›Natur, wo ist Dein Busen!‹ – als hätte ich ihn aufgefordert, sich mit mir in ein Ratespiel einzulassen. ›Wieso Natur?‹ rief ich, und auf einmal kam mich Zitatenfreude an, was selten geschieht, aber es war im Goethejahr. Ich fügte hinzu: ›Natur und Geist, so spricht man nicht zu Christen!‹ – ›Wieso Christen?‹ rief er zurück, und da hatte er mich. Ich hatte nicht gewußt, daß er so gut Bescheid weiß. Ich verstummte, wenn ich mich recht erinnere, kleinlaut, gewiß aber betreten. Ich fühlte mich mißverstanden, wie übrigens oft. Vielleicht bin ich zu empfindlich, zu verletzlich und zu unleidlich, obgleich ich mich immer für leidlich gehalten habe – manchmal, meist gegen Abend, denke ich überhaupt, ich sei gescheitert. Aber sei's drum. Das ewig Scheiternde zieht uns hinan.

›Hölle, wo ist dein Sieg?‹ – anstatt kleinlaut zu verstummen, hätte ich *das* diesem Sensenmann zurufen sollen, damit hätte ich ihn zum Schweigen, wenn nicht gar zum Nachdenken gebracht. Aber darauf bin ich nicht gekommen. Ich bin ein schlechter Treffer, übrigens auch sonst fehlbar, letztlich auch kontaktarm und unverbindlich, aber begabt.

Die Hölle stelle ich mir vor wie das Zillertal. Oder wie die Tulpenfelder Hollands, oder die Pas-

Das ewig Scheiternde zieht uns hinan.

WH 82

sionsspiele in Oberammergau. Oder wie St. Moritz im Sommer. Jeden zweiten Tag ein neunstündiges Passionsspiel. Dazwischen ein Tag Musik angesichts von Tulpen. Jeden Abend ein Konzert der Wiener Sängerknaben oder der Regensburger Domspatzen, wenn das nicht überhaupt dieselben Knaben bzw. Spatzen sind. Vormittags die Moldau unter Karajan oder etwas auf Originalinstrumenten, handgebastelt und mißgestimmt von Harnoncourt. Oder Triosonaten von Telemann, Piccolini, Ricotta, dal'Abaco, Locatelli oder von Telemann, Rosenmüller, Eppenbauer Vater und Sohn, Wenzlsberger, Telemann, Muffat, Telemann oder von Hans Christian Bach oder von Wilhelm August Bach oder von Carl Maria Bach oder von Johann Wolfgang Bach oder Wilhelm Friedemann Bach oder von Georg Telemann Bach für neun Blockflöten und Continuo. Es spielen Giselher Schramm, Hiroshima Kajumi, Rainer Weckerle, Kakuzo Kozikawe, Irmengrad Wäwerich Sträubler, Mitsubishi Toyota, Hedwig Wunderlich-Buhbe, Kazakumi Kozikawe – vermutlich der Bruder oder die Schwester oder die Frau oder der Mann von Kakuzo Kozikawe, vielleicht aber auch Vater oder Sohn – Osakazu Okakura und Karameli Tazubishi, am Continuo Luitgard-Maria Tashayumi-Spechtle, eine übrigens nicht unbedeutende Continuistin, von der man, so fürchte ich, noch hören wird.

Im Angesicht der Natur, in Holland in Form von einer Milliarde Tulpen, in St. Moritz in Form von

Bergwelt, und zwar zugleich lieblich und majestätisch, bzw. grandios, also in ihrer gefälligsten und populärsten Variante, sitze ich – verzeih mir die grausige Ausmalung – bei Campari-Soda, zähle die beginnenden Hautkrebse meiner Mitmenschen und versuche, ihre Lebenserwartung abzuschätzen, denn alle sitzen sie ja da, in Erwartung des Lebens, deren frohes Erschauern sie stets wieder von neuem überkommt, allerdings wohl nicht mehr lang. Ich liege also in der Sonne im Liegestuhl, und neben mir sitzt ein Mitmensch oder gar ein Nahestehender und erzählt mir seine Träume, einen nach dem anderen, stundenlang, erbarmungslos. Hin und wieder vergißt er eine Einzelheit und fängt noch einmal von vorn an. Und wenn er alle erzählt hat, wird er von einem zweiten abgelöst, der erzählt mir die Inhalte der Romane, die er in den letzten Jahren gelesen hat, angefangen mit Dr. Schiwago bis zu den dreihundertzweiundzwanzig Romanen von Simenon, der in Wirklichkeit bekanntlich Simon heiße und aus Kattowitz komme, wie ja auch bekanntlich Proust Preßburger geheißen habe und aus Budweis stamme, Thomas Mann habe bekanntlich ... usw. Und dann behauptet er frech, das alles müßte ich lesen, und verspricht mir ›Lesevergnügen‹. Wie wenig wir Menschen einander doch kennen, denke ich dann, freilich nicht *nur* dann.

Oder es sitzt einer neben mir, dem man sein Alter, wie hoch es auch immer sei, nicht anmerkt, der erzählt mir, wie es früher war, als ein Huhn noch fünfzig Pfennige kostete, und drei Eier vier Pfennig, bzw. vier Eier drei Pfennig, und ein Schock Eier nicht mehr als ein Ster Holz und umgekehrt. Als im Sommer die Engadiner Grand-Hotels voller russischer Großfürsten waren, Herren über tausend Werst und zehntausend Seelen oder umgekehrt, die sich trunken auf den Perserteppichen wälzten und Champagner aus den Schuhen ihrer Lieblingsballerinen schlürften und sich erschossen, wenn sich herausstellte, daß zwei von ihnen eine Lieblingsballerina geteilt hatten. Als alle amerikanischen Milliardäre noch Schuhputzer oder Zeitungsausträger waren, als in Aida noch lebende Elefanten auf die Bühne kamen und in der Walküre echte Pferde aus Wesendoncksschem Gestüt. Als über dem sterbenden Schwan der Pavlova das gesamte Theater in Schluchzen ausbrach, Carusos Bajazzo unter die Haut ging, Paul Wegeners Mephisto unter die Gänsehaut und als die Kinder an Kaisers Geburtstag schulfrei hatten.

Oder es sitzt einer neben mir und versucht, mir klarzumachen, daß die Beta-Enzyme oder Endyme oder Ethyme, die in pflanzlichen Proteinen, wie vor allem in Nachtschattengewächsen, insbesondere in Sauerampfer, oder in tierischem Eiweiß enthalten seien, dem Körper das natürliche Lecithin entzögen und schwere Enzephalose mit zyrrothischen Nebenerscheinungen und meistens im finalen Stadium Nephrosklerose verursachen. Kopfschmerz, Seitenstechen und Erbrechen kündigten an, daß die Milz unheilbar angegriffen und auch die Gallenblase in Mitleidenschaft gezogen sei, vor allem, wenn man trinke. (Ich trinke.) Ein Schuß Fernet-Branca könne, selbst wenn man ihn mit schwerem Wasserstoff verdünne, die gesamte Darmperistaltik lahmlegen, denn er enthalte genug Gerbsäure, um vierzig Taubeneier der Größe von taubeneiergroßen Hagelkörnern zu gerben, das liege an seinem starken Gehalt an Ameisensäure, die, oral genommen, weitaus schädlicher sei als Hexamethylentetramin, das ja heute in allen Milchprodukten enthalten sei, vor allem in uperisiertem Quark. Auf Kriechtiere, Molche, Lurche und gewisse Spaltfüßler wirke – wie die beiden Nobelpreisträger Fitzgerald und Blumenbeim nachgewiesen hätten – schon ein Fingerhut voll letal. Also dann schon lieber in den Himmel, aber da gibt es Joghurt. Man weiß bald wirklich nicht mehr, wohin.

Ja, ich trinke. Du auch? Ich meine das Glas in Deiner Hand zu sehen, aber das mag eine optische Täuschung sein, das kommt ja häufig vor, vor allem, wenn man trinkt. Dafür rauche ich nicht mehr, und seit ich nicht mehr rauche, huste ich, aber das ist kein rechter Ersatz. Dennoch, ich kann nicht klagen, so gern ich es auch täte. Es geht mir gut. Seit es heißt, man solle Energie sparen, gehe ich nicht mehr zu Fuß, sondern fahre überall hin mit dem Auto. Manchmal, wenn auch nicht oft, frage ich mich, was wir eigentlich mit der überschüssigen Energie anfangen sollen. Aber die Antwort ist natürlich: sparen – das weiß schließlich jedes Kind. Bald wissen es nur noch Kinder.

Es versteht sich unter diesen Umständen, daß ich auch keine Treppen mehr steige, sondern nur noch den Lift benutze. Das kann natürlich auf andere Weise ein Gefühl der Frustration auslösen. Im Hotel ›Österreichischer Hof‹ in Salzburg hängt ein Schild im Lift, auf dem steht: ›Nur für sechs Personen‹. Du kannst Dir vorstellen, daß man an einem stillen Vormittag zu festspiellosen Jahreszeiten mitunter lange warten muß, bis diese sechs zusammen sind. Besonders ärgerlich ist es natürlich, wenn die sechste Person mit ihrem Ehepartner auftritt und, da ich allein bin, mir meine – übrigens angeborene – Höflichkeit gebietet, dem Paar den Vortritt zu lassen, um nun wieder allein dazustehen und auf eine neue Mannschaft zu warten, bei der sich ja nun wieder dieselbe Konstellation ergeben mag, in welchem Fall ich natürlich das Höflichkeitsmanöver nicht wiederhole und es diesmal einem anderen Einzelstehenden überlasse, das Opfer zu sein. Aber der steht schon hinten im Lift und sieht auf den Boden. Ich vertiefe mich also in die im Lift angeschlagene Speisekarte von gestern. Dennoch, hin und wieder habe ich ein schlechtes Gewissen, denn ich denke an die Dame, die nun bei ihrem Zimmer ankommt, um festzustellen, daß ihr unten wartender Ehegatte den Zimmerschlüssel hat, und die nun nicht weiß, wann sie diesen

Gatten wiedersieht, da er – immer vorausgesetzt, er ist so höflich wie ich – unten ebenfalls einem Paar Platz machen muß, aber ob er zu solchen Opfern neigt, muß sie ja am besten wissen. Freilich vergesse ich bei diesen Gedankengängen wohl den Umstand, daß nicht jeder Mensch meine konsequente Grundhaltung besitzt und mit seiner Energie so haushält wie ich und daher den Weg über die Treppe wählt, wobei ihn dann gewiß manch ein scheeler Blick eines Heraneilenden trifft, der sonst vielleicht der fehlende sechste gewesen wäre, sofern nicht schon ein anderes Paar herangeeilt ist, und auch *er* die Treppe nimmt.

Übrigens male ich wieder. Manchmal gegenständlich, manchmal ungegenständlich, manchmal aber auch so gegenstandslos, daß auf dem Bild nichts zu sehen ist, was bei mir immer ein Gefühl tiefer Beruhigung auslöst. Auf einer meiner Farbtuben steht, sie enthalte echte Künstlerpigmente. Da muß wohl manch ein Künstler dran geglaubt haben. Überhaupt finde ich, daß der Lebensvollzug immer grausamer wird. Die potenziert anwachsende Umweltliebe, der natürlich auch ich allmählich erliege, zeitigt eine gewisse Menschenverachtung, der ich ebenfalls allmählich erliege. Das macht sich vor allem im Nahrungskonsum bemerkbar. Bauernleberwurst esse ich schon deshalb nicht mehr, weil ich an die arme Witwe denken muß, vorausgesetzt der Verarbeitete war verheiratet. Neulich sah ich in einem

Lebensmittelgeschäft eine Familienfleischpastete. Bei einer solchen radikalen Ausnutzung bleibt wenigstens kein trauernder Hinterbliebener. Dennoch, ich kann mich zum Verzehr dieses Produktes nicht entschließen, es gibt eben Familien und Familien, und ich weiß nicht, zu welcher der beiden Gattungen die hier verarbeitete gehörte. Zwar hat, wie man mir mitteilt, der Kunde das Recht auf eine erschöpfende Warendeklaration, aber hier vermißte ich dennoch die Angabe der Qualitätsstufe, zumal da die Ware in Sparpackung angeboten wurde. Sparpackungen deprimieren mich ohnehin, fast so wie Plastikzahnputzbecher, farbige Bettwäsche oder Schmunzelbücher.

Mit dem Essen bin ich nun einmal sensibel, da kann man mir mit dem leckersten Ratsherrentopf kommen oder mit opulenten Schwedenplatten, mich bringen keine zehn Pferde zu einem Leichenschmaus. Schlachtplatten oder Schlachtroß sind mir zuwider, ich esse ohnehin kein Pferd, und auch alles Menschliche ist mir fremd. So sah ich neulich in einem Hotel im Schwarzwald auf der Speisekarte eine Herrenschüssel verzeichnet. Dazu möchte ich, wenn es Dir recht ist, schweigen, es fällt mir einfach *zuviel* dazu ein. Übrigens esse ich auch kein Huhn, das ich nicht persönlich gekannt habe, und jeder Hasenjäger kann mich mit Hasen jagen.

In einem Bekleidungsgeschäft in Chur sah ich neulich ein Schild, auf dem stand: ›Stark reduzierte

Hosen‹. Ich dachte mir, daß hier wenigstens auf lapidare Weise der Reduktion des Menschen, vor allem des Mannes, Rechnung getragen würde, keine Beschönigung, kein Zacken an der Krone der Schöpfung. Auf einem Päckchen Seife, das ich neulich kaufte, stand: ›Die Desodorierung der Zukunft‹. Genau weiß ich nicht, was da gemeint ist. Wird die Zukunft durch diese Seife geruchlos gemacht oder soll die Seife uns selbst desodorieren, so daß wir der Zukunft frisch und geruchlos entgegenzutreten und ihre vielleicht nicht ausschließlich angenehmen Düfte oder Lüfte oder Dünste zu übertönen imstande sind?

Den Metzgern einer Stadt im Aargau ist es endlich, wie ich der Bündner Zeitung entnehme, gelungen, die zweihundertsechzig Meter lange Bratwurst herzustellen, gewiß nach manchem frustrierenden Ansatz, denn solche Neuerungen werden meist teuer erkauft, ja, mit Menschenleben bezahlt, man denke an die Pyramiden. Manch einer dieser Pioniere mag das Ende der Wurst nicht mehr erlebt haben und liegt unter ihr begraben, wenn nicht gar … nein, das nicht. Du siehst also, lieber Max, Fortschritt überall. Bevor er sich vollends ausgebreitet hat – und manch ein Anzeichen spricht dafür, daß wir ihn jeden Augenblick zu fürchten haben –, solltest Du noch einmal hierherkommen, wer weiß, wie es *nach* diesem Augenblick aussieht. Vermutlich überall gleich, was ja auch insofern wieder sein Gutes hat, als uns alles Fernweh vergeht, allerdings mag uns dann die Nähe auch nicht mehr so recht zusagen. Jedenfalls wird das Reisen mit gewissen Schwierigkeiten verbunden sein, und nicht nur das Reisen.

Übrigens las ich gestern in der Zeitung, daß im Schienenverkehrswesen – wo immer es sich herumtreiben mag – eine schrittweise Veränderung geplant ist. Dies erscheint mir als eine beziehungsweise Nachricht, sofern es nicht eine teilweise Entlassung des Bahnpersonals mit sich bringt oder gar eine streckenweise Einschränkung des Schienennetzes oder einen zeitweisen Unterbruch.

Veränderung auf Veränderung. Es ist eben nicht, wie die Wissenschaftler uns, mit beträchtlichem Erfolg, weiszumachen suchen, fünf Minuten vor zwölf, es besteht daher keinerlei Anlaß zur Panik, da es – Dir brauche ich das wohl nicht sagen – bereits dreiviertel drei ist, und jede Panik wäre eine müßige und unangemessene Anstrengung. Das wird Dir auch gern jeder Manager bestätigen, allerdings aus entgegengesetzten Gründen. Zwar eilt die Wissenschaft uns weit voraus, aber die Wissenschaftler rennen weit hinter ihr her und versuchen, sie wieder einzufangen, vergeblich natürlich. Ich sehe sie da rennen, über Stock und Stein, laut rufend und gestikulierend, mit Schmetterlingsnetzen und Botanisiertrommeln, als seien sie von gestern, was sie natürlich nicht sind, sie sind von vorgestern.

Mein Haus wird bald trocken sein. Die Mauern werden nicht mehr sprachlos stehen, sondern werden ihre Sprache finden, mittelhochdeutsch, das versteht zwar kaum einer, aber die meisten haben mit Neuhochdeutsch ebensolche Schwierigkeiten. Die Fahnen habe ich noch nicht recht zum Klirren gebracht, damit warte ich bis zum Nationalfeiertag. Den Wänden wachsen bereits die Ohren, sonst sind sie noch leer. Den Teufel werde ich aus guten Gründen nicht an sie malen, überdies würde man diesen Anblick leid. Schön wäre ein Konterfei meines Problems, aber es hält nun einmal nicht still, sondern es sucht immer nach der Stelle, wo ich sterblich bin. Vergebens versuche ich ihm zu erklären, daß an mir, wie an allen, praktisch alles sterblich ist, außer vielleicht der Seele, aber gerade die sucht es zu vermeiden, auch das natürlich vergebens.

Aber wie auch immer, die Wohnlichkeit nimmt zu, bald werde ich alle Tassen im Schrank, Wäsche im Wäscheschrank, Bauern im Bauernschrank haben. Von Kindesbeinen aufwärts war ich nämlich stets ein großer Freund der Schränke, deren ideeller Stellenwert – denn auch dieser ist in hohem Grade relevant – gewöhnlich verkannt wird. Vergeblich warte ich auf das Jahr des Schrankes. In jedem Zimmer wird ein Fettnäpfchen stehen, entworfen von Beuys, eine lange Bank zieht sich durchs Parterre, und die Zwischenräume zwischen den Stühlen lasse ich von Walter de Maria gestalten, er hat schon begonnen, eifrig zu gestalten. Zwar steht noch manches Wort im Raum, aber das wird sich, da es unerwidert bleibt, in jenen Nebel auflösen, aus dem es höchstwahrscheinlich kommt. Und was aussieht wie eine Müllhalde, wird in saftigem Grün von Spitzwegerich, Sauerampfer und üppigem Unkraut erstrahlen, vor allem von Schierling. Becher hängen am Ziehbrunnen, dort werden auch die zerbrochenen Krüge liegen.

Ein guter Tropfen ist Dir also sicher. Ich trinke ihn aus gehöhltem Stein, in dem er allerdings manchmal versickert, so daß ich mit der Pipette nicht nachkomme. Dann greife ich zur Flasche. Der Wein hier ist weder süffig noch lieblich, noch abgerundet, noch vollmundig, sondern trinkbar. Bitte erwarte aber keine Sektgelage. Denn der Sekt, den *ich* hier habe, taugt nur zum Schiffetaufen, und ich verwende ihn auch ausschließlich dazu.

Ich werde Dich gut bewirten, dafür sorgen die Küchenväter. Ich habe einfachheitshalber die Küche beim Dorf gelassen, denn sie ist, wie auch Du wohl gehört hast, alleinseligmachend, und ich wollte nicht, daß meine Mitmenschen hier dieser Instanz verlustig gehen, vor allem nicht jene unter ihnen, die

den Wänden wachsen bereits die Ohren, sonst sind sie noch leer. ... und die Zwischenräume zwischen den Stühlen lasse ich von Walter de Maria gestalten, er hat schon begonnen, eifrig zu gestalten.

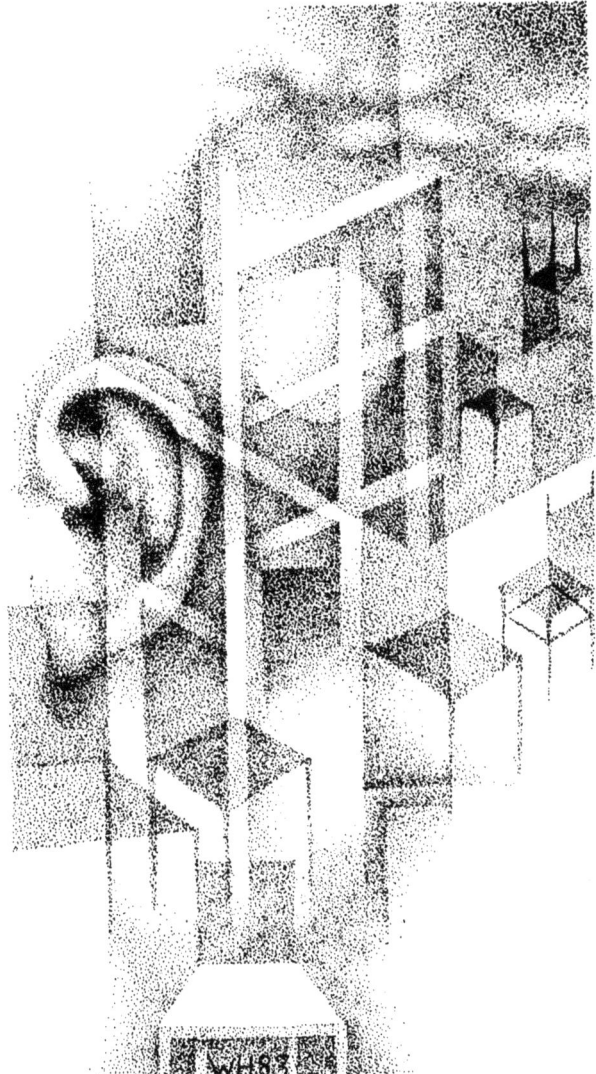

lieber geben als nehmen, von denen es hier wohl nicht allzu viele gibt.

A propos Küchenväter: wie Du wahrscheinlich weißt, verderben viele Köche den Brei. *Wie* viele es sind, ist bisher statistisch noch nicht erfaßt, es werden soeben erst, also reichlich spät, von seiten der Weltgastronomie – auch ›Internationale Küche‹ genannt, unter der Du Dir wahrscheinlich genau so viel vorstellen kannst wie ich – von seiten der Weltgastronomie also Schritte zu einer genauen Zählung unternommen. Mich beunruhigt aber, daß es nicht *alle* Köche sind, die am Verderben des Breis mitarbeiten oder durch Boykott aller Ingredienzenhersteller die Basis der Breibereitung untergraben. Denn ich finde, einem rechten Koch die Zubereitung dieser höchst ungesunden Kinderspeise zuzumuten – ich glaube, sie soll im nächsten Jahr auf die Liste der krebsfördernden Nahrungsmittel gesetzt werden, wenn diese Liste nicht schon zu voll ist – wäre, wie wenn ich einem Schiffskapitän zumuten würde, mich über den Gartenteich zu rudern. Brei ist Sache entweder der Amme, die beim Rühren ihr kleines Opfer durch ein hinterhältiges Schlummerlied völlig verängstigt, oder der Gouvernante, die für den Fall von Nichtverzehr mit dem Kinderverzehrer droht, der bereits hinter der Kellertür stehe, oder der Nanny, die nichts verschüttet wissen will, anderenfalls sie sich gezwungen sähe, den schwarzen Mann zu verständigen, und anderer entschwundener Gestalten unserer goldenen Kindheit. Daher erscheint mir der Wille vieler Köche zur Breiverderbnis als eine nur allzu verständliche Trotzreaktion, ja, ich möchte sagen, als notwendiges Verhalten, und ich sage es auch, und zwar jedem, der es hören will, natürlich sind das wenige, vor allem im Verhältnis zu jenen, die *überhaupt* hören. Mich beeindruckt die Solidarität dieser noch unbekannten Anzahl der Verweigerer so, daß ich jeden Koch, der den Brei *nicht* verdirbt, scheel ansehe, vorausgesetzt, ich begegne ihm und erkenne ihn sofort als Breiverderber. Ich habe da meinen Blick einigermaßen trainiert. Dieser Blick soll denn auch sagen: du Konformist kochst also an dem Brei mit, den wir auszulöffeln haben. Ob mein Blick das allerdings wirklich sagt, weiß ich natürlich nicht, Blicke werden ja oft mißdeutet. Darin unterscheiden sie sich nicht von Worten, Absichten oder Verhalten.

Nach Mitternacht waltet bei mir die kalte Mamsell, die ich mir aus der Kindheit hinübergerettet habe. Tagsüber führt sie mir den Vitaminhaushalt, und ihre allnächtliche Aufgabe ist es, Salamischeibchen zu rollen, kalte Büchsenspargel in Schinkenscheiben zu wickeln, Zwiebeln zu dünnen Rädchen zu spletzen, Oliven über Salzstangen zu stülpen, Käse zu Scheibletten zu hobeln, Gurke zu fächern, Tomaten zu achteln, Radieschen zu Zähnen zu beschnitzen, Sülze zu würfeln und die trübgelben Würfel über den Teller zu verteilen, Aufschnitt aufs welke Salatblatt zu betten, den Tellerrand mit Brezelchen und Zierpetersilie zu zieren und den Aufbau mit Zelophanschwarzbrot und Butterpäckchen zu servieren. Du siehst: sie kommt aus Deutschland. Ihrer Bezeichnung entsprechend ist sie ziemlich kalt, vor allem die Schulter, die sie Dir aber auf Verlangen gern zeigt, und sollte Dein Verlangen damit nicht befriedigt sein und die Fleischeslust Dich überkommen, so kann sie Dir auch ein Lendenstück braten oder grillen. Vielleicht solltest Du ihr etwas mitbringen. Am liebsten hat sie Geschenkartikel. Vielleicht kommst Du bei einem entsprechenden Geschäft vorbei.

In New York werde ich Dich wohl kaum besuchen, denn ich fliege nicht. Ich besteige kein Transportmittel, das in dem Element, in dem es sich vorwärtsbewegt, sich nicht auch rückwärtsbewegen oder stehenbleiben kann. Aber wenn Du einmal wieder in Zürich bist, will ich Dich besuchen und Dir, wenn Du willst, Zuspruch spenden, den man ja auch in dieser sonst so lebensfrohen Stadt brauchen kann. Die Polyglottis der Bahnhofstraße, in der beinah jeder Fußgänger eine Zweitsprache spricht, die er niemals gänzlich gemeistert, hat es mir so angetan, daß auch ich ihr etwas antun möchte. Vor allem aber reizen mich diese kostbaren Uhren in den Auslagen, deren Lapislazuliblatt keine Ziffern mehr zeigt und auch keine Striche. Es ist leer, so daß man niemals weiß, welche Stunde es geschlagen hat, und man überhaupt die Zeit nur ungefähr errät, wobei man, wie ich fürchte, sie niemals *richtig* errät. Warte nur, balde werden auch Uhren ohne Zeiger auf den Markt geworfen bzw. auf purpurfarbenen Samt gelegt, die haben einen vierundzwanzigkarätigen Quarz im Gehäuse, den man aber weder sieht noch hört, sondern nur dunkel erahnt. Alles Ticken ist verdrängt, alles ist still, aber drinnen ist etwas in Bewegung, was sich noch nicht verrät. Was mag das wohl sein? Jedenfalls wird dann der Mensch – entschuldige das Pathos, das sich seltsamerweise bei mir immer dann einstellt, wenn ich vom Menschen oder dergleichen rede – dann also wird der Mensch den Wert des Sechse-Läutens erkennen, nur ist es dann zu spät.

Auch zum Knabenschießen wollen wir dann zusammen gehen. Gern möchte ich ein paar schöne Exemplare erlegen. Schade übrigens, daß nicht auch in anderen Großstädten das Übervölkerungsproblem auf solch sportliche Weise gelöst wird. In einem Kurort in Tirol – ich möchte den Namen nicht nennen, da es sich um Ehrwald handelt – wird im Sommer ein Gästeschießen veranstaltet. Ich weiß aber nicht, ob die Gäste auf Einheimische oder aufeinander oder Einheimische auf Gäste schießen. Das letztere erscheint mir unwahrscheinlich, weil es die

Öffentlichkeit verärgern würde. Ich verstehe nicht viel von Touristik oder Fremdenverkehr, aber wie ich es sehe, gräbt sich ein Kurort mit einer ständig anwachsenden Anzahl von Gästegräbern sein eigenes Grab. Andrerseits hat er um Allerheiligen und Allerseelen herum noch einmal eine kurze Saison, denn dann kommen die Hinterbliebenen, um die Gräber zu schmücken. Aber wahrscheinlich werden die Opfer in ihre Heimatorte überführt, denn ein solcher Ort kann sich wohl einen effizienten und zuverlässigen Bestattungsdienst leisten, ich denke, Bestatter und Sargtischler lachen einander ins Fäustchen – aber wer tut das nicht hin und wieder! Es heißt da übrigens in den Schießvorschriften: ›Nicht lizensierte Schützen können aufgelegt schießen‹. Ob gut oder schlecht aufgelegt, steht nicht da, aber ich denke doch wohl *gut*, angesichts dieser Befriedigung der Dezimierungslust.

Hier auf dem Lande sind solche Verfahren natürlich nicht nötig. Greis und Kind halten einander in edler Eintracht – und wenn die Situation es erlaubt oder gar gebietet, mit stiller Größe – die Waage. Und sollte ihr böses Zünglein sich einmal allzu tief zur Seite neigen, nun, so wird man vielleicht dem einen in ein besseres Jenseits verhelfen – wo mag eigentlich das schlechtere Jenseits liegen? Vor allem aber: wo liegt das bessere Diesseits? Oder wenn wir in ihm sind, wo ist das schlechtere? – nun also, so wird man dem einen den Garaus machen, das andere mit dem

Bade ausschütten, ein Fluß fließt durch das Dorf, ein Umstand, der im Laufe der Jahrhunderte schon so manchem zugute gekommen ist.

Du siehst also: hier herrscht das Gleichgewicht. Ein jeder kehrt vor der Tür seines Nächsten, der den Kehricht, um seinen eigenen bereichert, dem ersten wieder unter die Matte schiebt, was zwar ein gewisses Durcheinander ergibt, da dieser die doppelte Menge dem Nachbarn an der anderen Seite hinschiebt, der nun also die dreifache Menge Kehricht besitzt, wenn nicht der Nachbar der anderen Seite auch schon die doppelte Menge unter seiner Matte hatte, so daß er den vierfachen Haufen zu bewältigen hat, usw. So wird hier also in gewisser Weise jeder zum Geber und Nehmer, und es ist zu begrüßen, daß *hier* die Frage der Seligkeit nicht im Spiel ist.

Aber hier weiß auch jedermann, daß man schwieriger Situationen am besten Herr wird, indem man kein Wort darüber verliert. Dies hat nämlich den gewaltigen Vorteil, daß immer alles in Ordnung ist oder scheint, aber eben das kommt hier auf das Gleiche heraus. Kein Tourist ist hier jemals auf ein verlorenes Wort gestoßen, jedermann behält die wenigen, die er sein eigen nennt, vor allem jene, die sein eigen *sind*, für sich, und die Ausgeborgten gibt er erst recht nicht her, sondern hütet sie wie seinen Augapfel oder mehr.

So ist hier schon manch ein Fremder frustriert,

und mancher Dichter hat hier vergebens um den Ausdruck zwischenmenschlichen Geschehens gerungen, da ihm die entsprechende zwischenmenschliche Erfahrung versagt geblieben ist, und ist mit eingezogenem Schwanz – ich meine das natürlich bildlich – oder sollte ich vielleicht im Gegenteil sagen: *nicht* bildlich? – unverrichteter Dinge in die Stadt zurückgekehrt, um Schlechteres belehrt.

Ich dagegen bin noch hier und bleibe und lebe, wenn ich den bellenden Hund abziehe – was ich gern tun würde, aber es gibt hier keine Abdeckerei –, in Ruhe und Frieden. Allerdings sind da noch die Motorsäge, das Läuten und Bimmeln, das Muhen und Krähen, Blöken und Teppichklopfen zu bewältigen. Aber ich bewältige gern, wenn es nicht allzuviel Zeit beansprucht, am liebsten vormittags. Hier sitze ich denn und arbeite an meinem Alterswerk, betitelt: ›Der Schrank in Mythos, Sage und Geschichte‹. Es entspricht übrigens, wie ich mir unentgeltlich habe sagen lassen, einem echten Bedürfnis, denn wer arbeitet denn heute noch an einer Metaphysik des Alltags? Die Frage ist rhetorisch, daher bemühe Dich bitte nicht um eine Antwort, es sei denn, Du schreibst selbst an einem solchen Thema.

Gewiß, auch ich hatte einmal Höheres im Sinne, nämlich eine Biographie des Anaximander, aber das ist gescheitert, da ich nicht wußte, ob er seinen Satz als junger Mensch oder als abgeklärter Weiser, und ob er nicht doch noch einen zweiten Satz gesagt hat. Vieles spricht dafür.

Jedenfalls lebe ich allein mit meiner kalten Mamsell und meiner Neurose, die beiden vertragen sich vorzüglich, eine nährt die andere – die ich aber meist nur bei Föhn spüre, ich meine die Neurose, nicht die Mamsell. Und natürlich mit meinem Problem, das mir aber zum Haustier geworden ist und mir aus der Hand frißt, auch wenn ich ihm nur den kleinen Finger reiche, ja, dann vor allem.

Vor Identitätskrisen bin ich ziemlich sicher. Ich bin eben, wie ich hinlänglich demonstriert zu haben hoffe, immer wieder ein andrer, hoffnungslos und hoffnungsvoll zugleich, abgeklärt und aufgeklärt, abgekehrt und zugekehrt, unscheinbar und doch auf eigentümliche Weise scheinbar. Kurz, wenn ich den Mund einmal vollnehmen darf, ein Polyhistor meiner selbst und meiner Umgebung, der sich nur allzu gern auf Abwege begibt und sich dabei aus den Augen verliert, solange uns noch Abwege und Augen offenstehen.

Dafür aber steht es jedermann frei, seine Identitätskrise mitzubringen. Ich bin, bis zu einem gewissen Grade, bereit, Gästen auf der Suche nach ihrem Selbst zu helfen. Die Suche ist allerdings meist so vergeblich, wie eben die Suche nach etwas ist, was einem, wie ich gesagt zu haben meine, zum Hals heraushängt, in welcher Hängelage sie übrigens keineswegs die einzige reaktive Erscheinung ist, derer sich ein weniger Mitfühlender erwehren würde, was ich vollauf verstehe. Wes der Mund voll ist, dem geht das Herz über, seien wir also froh, daß der Magen nicht mitkommt. Dennoch hat sich bei mir schon so mancher gefangen und sich dadurch befreit. Aber Du, lieber Max, bist ja, soweit ich weiß, frei und solltest daher kommen, bevor es drei schlägt. Alle Probleme, Neurosen, Psychosen werden uns im Flug vergehen. Es wird uns alles vergehen, lieber Max, das Hören und das Sehen, als erstes aber das Lachen.

Glossarium

Die Etymologie hat nachgewiesen, daß Kalauer nicht aus Calau stammen. Sie stammen aus Luckau. Ich weiß es, ich bin im Grenzgebiet beider Kreise aufgewachsen. Luckau hat eine Strafanstalt, Calau hat gar nichts.

Die kleinen, doldenförmig angeordneten Blüten brechen schon zeitig im Frühjahr aus dem noch gefrorenen Boden. Sie sind anspruchslos; wenn es keinen Regen gibt, ist ihnen auch ein Vortrag recht. Für Sonne bedanken sie sich. Sie sind lila und haben meine Jugend koloriert. Ich fände die Neubildung Kaluckauer recht glücklich.

Luckau hat keine großen Söhne, nur Zugereiste, was durch die Strafanstalt bedingt ist. Liebknecht hat hier Briefe geschrieben, es hat nichts genützt.

Wie gesagt, Kalauer sind keine Steigerung von Calau. Aber mir sind sie recht. Eine Möglichkeit, die Welt zu begreifen, vielleicht die einzige, anspruchslos und lila.

aus Günter Eich: Maulwürfe, Frankfurt 1968

Kalauer: ... eine an Calembour (s. d.) anklingende Bezeichnung für witzige Wortspiele, vor allem solche, die nicht allzuviel Witz erfordern.

Meyers großes Konversationslexikon, Zehnter Band 1905

Kalauer: frz. calembour[g] ›Wortwitz‹, nach 1800 in Berlin auf die Stadt Kalau bezogen, *der*, ein Wortspiel mit albernen Anklängen, Witzelei.

Brockhaus Enzyklopädie, Neunter Band 1970

Kalauer m. Im 18. Jh. erscheint frz. *calembour* ›Wort-spiel‹, dessen Ursprung nicht hinreichend erklärt ist. Als Fremdwort im Deutschen ist *Calembour(g)* nachgewiesen von 1787 bis 1845 (H. Schulz 1913 Fremdwb. 1, 318). Zuerst 1858 erscheint in Berlin dafür K a l a u e r (Ladendorf 1906 Schlagwb. 156) mit Anlehnung an den Namen der niederlausitz. Stadt Kalau und nach dem Vorbild des Scherz-worts Meidinger für ›alter Witz‹, dies nach Joh. Val. Meidin-ger 1783 Frz. Grammatik mit einer Sammlung ›Auserlesener Histörchen‹; Büchmann 1912 Gefl Worte 505.

Friedr. Kluge, Etymologisches Wörterbuch der Deutschen Sprache, 17. Auflage, Berlin 1957

In weitem Umfange hat man sich bei der logisch unrichtigen Wortverknüpfung in den Ausdrücken mit vertauschtem Subjekt oder Objekt aufgehalten und die Erscheinung solchen Faktoren wie »Denkträgheit«, »Mangel an Gedankenschärfe« und »unklaren Vorstellungen« zugeschrieben.

Stöcklein, der sich mit Vertauschungen und ähnlichen Erscheinungen in seiner inhaltreichen kleinen Schrift *Bedeutungswandel der Wörter* befaßt, scheint vor allem an eine unzulängliche Analyse der Realitäten zu denken. S. 70 heißt es: »Nahe berührt sich mit dem Zug der Bequemlichkeit oder dem Gesetz der Trägheit der Mangel an strenger logischer Scheidung: in der Sprache werden Erscheinungen, die unter sich verschieden sind, doch auf dieselbe Weise bezeichnet, weil die Vorstellung hievon die gleiche ist. Der Sprechende kann selbst merken, daß die Vorstellung eine unklare und der Ausdruck nicht treffend ist; aber es kommt ihm vor allem darauf an, etwas zum Ausdruck zu bringen, so daß eine bestimmte Vorstellung beim Hörenden geweckt wird. Der Ausdruck mag unrichtig sein, wenn er nur verstanden wird, zunächst nur in dem betreffenden Zusammenhang.« Stöcklein hat hier nicht etwa eine Bedeutungsübertragung im Auge. Zu den vom Standpunkt der Logik aus als falsch zu bezeichnenden Ausdrücken: »*der Krug läuft aus, rinnt* analog der Verbindung: *das Wasser läuft, rinnt aus dem Krug*; ähnlich lat. *cruor manat* und *culter manat cruore*; *die Räume fließen von Blut* neben *das Blut fließt in den Räumen*« etc. macht er die Bemerkung: »Ein Wechsel der Bedeutung ist hier nicht gegeben, da die mit den Verben verbundene Vorstellung in den verschiedenen Verbindungen die gleiche ist.« *Björn Carlberg: Subjektvertauschung und Objektvertauschung im Deutschen, Lund 1948, S. 34*

Behaghel führt die neuartigen, semasiologisch nicht berechtigten Wortverknüpfungen auf eine Unzulänglichkeit des Wahrnehmungs- und Denkvermögens zurück. Seine Aufzählung von Verben mit festem und beweglichem Objekt schließt er mit der Bemerkung ab: »In diesen Verschiebungen zeigt sich die so vielfach zu beobachtende Schwäche der Sprache in bezug auf die ursächliche Verknüpfung der Dinge«. Dieselbe Ansicht tritt auch an anderen Stellen in seiner Syntax zutage, auf welche er den Leser hinweist. In § 104 wird zur Erklärung der Enallage adjectivi angeführt: »Diese Verschiebung entspringt einer gewissen Schwäche des Wahrnehmens, des Denkens.« In § 614 heißt es mit bezug auf Verben in mehrfacher Bedeutung: »Es geht die Erscheinung vielmehr hervor aus jener vielfach zu beobachtenden Schwäche im Erfassen der kausalen Verknüpfung, der zufolge nicht nur der Stein, sondern auch der Hund geworfen wird, nicht nur das Wasser läuft, sondern der Krug läuft voll Wasser, die Wand wimmelt von Fliegen; s. auch das Adj. 147. Bei den Verben der Bewegung kommt hinzu, daß der, der etwas in Bewegung versetzt, selber in Bewegung gerät: wer einen andern schlägt: ihm Schläge gibt, dessen Arm schlägt hin und her, wer ein Wild jagt, ist selber in eiliger Bewegung, und der Wagen schleudert nur deshalb, weil er selbst hin und her gestossen wird.«

Im allgemeinen aber – das muß festgehalten werden – ist der wahre Sachverhalt auch dann ganz deutlich im Bewußtsein, wenn der sprachliche Ausdruck dafür sich noch so sehr vom früheren Usus entfernt. Dies betont vor allem Krüger: »Es ist nicht unwichtig, sich dessen klar zu werden, daß hier nicht wirklich die Vorstellung der Sache verdrängt worden ist«, wohl kann sie verdunkelt sein und »es bedarf einiger Selbstbesinnung, um einzusehen, daß wir ... doch nicht wirklich denken, was die Sprache zu sagen scheint«.
(d. O. S. 35)

HÖLDERLIN: HÄLFTE DES LEBENS

Mit gelben Birnen hänget
Und voll mit wilden Rosen
Das Land in den See,
Ihr holden Schwäne,
Und trunken von Küssen
Tunkt ihr das Haupt
Ins heilig nüchterne Wasser.

Weh mir, wo nehm' ich, wenn
Es Winter ist, die Blumen, und wo
Den Sonnenschein,
Und Schatten der Erde?
Die Mauern stehn
Sprachlos und kalt, im Winde
Klirren die Fahnen.

RILKE: HERBSTTAG

Herr: es ist Zeit. Der Sommer war sehr groß.
Leg deinen Schatten auf die Sonnenuhren,
und auf den Fluren laß die Winde los.

Befiehl den letzten Früchten voll zu sein;
gieb ihnen noch zwei südlichere Tage,
dränge sie zur Vollendung hin und jage
die letzte Süße in den schweren Wein.

Wer jetzt kein Haus hat, baut sich keines mehr.
Wer jetzt allein ist, wird es lange bleiben,
wird wachen, lesen, lange Briefe schreiben
und wird in den Alleen hin und her
unruhig wandern, wenn die Blätter treiben.

Seite: 14 ff.

DIE APOSTELGESCHICHTE DES LUKAS

20.35 Ich habe euch in allen Stücken gezeigt, daß man so arbeiten und sich der Schwachen annehmen müsse und gedenken an das Wort des Herrn Jesus, der da gesagt hat: Geben ist seliger als nehmen.

Seite 41 ff.

DER ERSTE BRIEF DES PAULUS AN DIE KORINTHER

15.50 Der Tod ist verschlungen in den Sieg. Tod, wo ist dein Stachel? Hölle, wo ist dein Sieg?

Reichsverweser (von ahd. firwesan ›jemandes Stelle ver-
tretend‹)

1) im alten Dt. Reich (bis 1806) der Reichsvikar, latein.
Vicarius oder Provisor Imperii, der einstweilige Verwalter der
Königsgewalt im Falle der Reichsvakanz, latein. vacante
imperio, d. h. Thronerledigung (falls nicht schon bei Lebzeiten
des verstorbenen Herrschers zum röm. König gewählter
Nachfolger vorhanden war) sowie bei Minderjährigkeit, län-
gerer Abwesenheit, Gefangenschaft oder durch Krankheit
verursachter Regierungsunfähigkeit des Königs ...

...

3) In Ungarn wurde zuerst J. HUNYADI 1446 als Vertreter
des unmündigen Ladislaus V. zum R. gewählt; 1849 hatte L.
KOSSUTH, 1920-44 N. von HORTHY dieses Amt inne.
Brockhaus Enzyklopädie, Bd. 15, Wiesbaden 1972

Horthy von Nagybánya (...) Nikolaus, ehemaliger ungar. Reichsverweser, * Kenderes 18. 6. 1868, † Estoril (Portugal) 9. 2. 1957, wurde österreichisch-ungar. Marineoffizier, 1909 Flügeladjutant Kaiser Franz Josephs. Er führte im Ersten Weltkrieg den Kreuzer ›Novara‹ und wurde 1918 Konteradmiral und Oberbefehlshaber der österreichisch-ungar. Flotte. Während der Räterepublik betraute ihn die gegenrevolutionäre Regierung mit der Bildung einer Nationalarmee, an deren Spitze er am 16. 11. 1919 in Budapest einrückte. H. v. N. wurde am 1. 3. 1920 von der Nationalversammlung zum Reichsverweser gewählt. Am 19. 3. 1944 stimmte er unter Vorbehalt der deutschen militärischen Besetzung Ungarns zu, leitete aber zugleich Waffenstillstandsverhandlungen mit den Alliierten ein. Sein Versuch, Ungarn einen Sonderfrieden zu sichern, scheiterte. Am 15. 10. 1944 sah er sich zur Abdankung gezwungen und wurde in Bayern interniert.

Brockhaus Enzyklopädie, Bd. 8, Wiesbaden 1969

LEBUS

Lebus, 1) Stadt im Kr. Seelow, Bez. Frankfurt (Oder) mit (1964) 1800 (1939: 3100) Einw. Grabungen der letzten Jahrzehnte haben in L. Befestigungen aus der späten Bronze- und frühen Eisenzeit festgestellt, die um 500 v. Chr. verfielen. Um 600 n. Chr. wurde der Platz von Slawen erneut befestigt. Das Land L. zwischen dem Odertal, dem Berliner Haupttal und der Buckower Rinne ist eine flachwellige Grundmoränenplatte zwischen Oderbruch und Fürstenwalder Spreetalniederung mit vorherrschenden Sandböden. Es war Siedlungsgebiet der slaw. Leubuzzi und hieß nach deren Hauptburg. Herzog → Boleslaw III. Krzywousty gliederte das Land Polen ein. Durch rund 2000 Jahre bestand dann hier eine dichtbesiedelte Kastellanei. Die Burganlage, die den wichtigen Oderübergang deckte, spielte in den deutsch-poln. Auseinandersetzungen im 12. und 13. Jahrh. eine große Rolle. Die Piasten-Herzöge von Schlesien leiteten in der ersten Hälfte des 13. Jahrh. die dt. Besiedlung ein, verloren aber das Land um 1250 an den Erzbischof von Magdeburg und die Markgrafen von Brandenburg, die bald Magdeburg verdrängten. Mit der Gründung von Frankfurt durch die Askanier (1253) verlor auch die Stadt L. ihre Bedeutung.

...

Brockhaus Enzyklopädie, Bd. 11, 1970

Seite 32

FISCHERKNABE (singt im Kahn)
(Melodie des Kuhreigens)

Es lächelt der See, er ladet zum Bade.
Der Knabe schlief ein am grünen Gestade
...
Friedrich von Schiller: Wilhelm Tell

Seite 32

›I can resist anything but temptation‹
Oscar Wilde

Seite 34

... als ob von feuchten Blüten ganz beronnen
wir in den alten Wald der Sage träten
Stefan George: Das Jahr der Seele

DING AN SICH

Ding an sich, nach Kant das Ding, wie es unabhängig von einem erkennenden Subjekt für sich selbst besteht, das ›wahre‹ Sein, dessen ›Erscheinungen‹ die empirischen Dinge sind, auf welches eben die ›Erscheinungen‹ hinweisen; ...

DER SATZ DES ANAXIMANDER

ἐξ ὧν δὲ ἡ γένεσίς ἐστι τοῖς οὖσι καὶ τὴν φθορὰν εἰς ταῦτα γίνεσθαι κατὰ τὸ χρεών· διδόναι γὰρ αὐτὰ δίκην καὶ τίσιν ἀλλήλοις τῆς ἀδικίας κατὰ τὴν τοῦ χρόνου τάξιν.

Woher die Dinge ihre Entstehung haben, dahin müssen sie auch zu Grunde gehen, nach der Notwendigkeit; denn sie müssen Buße zahlen und für ihre Ungerechtigkeit gerichtet werden, gemäß der Ordnung der Zeit.
Übersetzt von Nietzsche

Woraus aber die Dinge das Entstehen haben, dahin geht auch ihr Vergehen nach der Notwendigkeit; denn sie zahlen einander Strafe und Buße für ihre Ruchlosigkeit nach der festgesetzten Zeit.
Übersetzt von Hermann Diels

Aus welchem aber das Entstehen ist den Dingen, auch das Entgehen zu diesem entsteht nach dem Notwendigen; sie geben nämlich Recht und Buße einander für die Ungerechtigkeit nach der Zeit Anordnung.
Übersetzt von Martin Heidegger

SECHSELÄUTEN IN ZÜRICH

Ein alljährlich in Zürich am 3. Montag im April gefeiertes Frühlingsfest, bei dem nach einem Umzug der Zünfte in historischer Kostümierung auf offenem Platz ein Holzstoß entzündet und darauf der ›Böög‹, ein den Winter symbolisierender Schneemann, verbrannt wird. Die Bezeichnung Sechseläuten geht darauf zurück, daß bis ins frühe 19. Jahrhundert um die Frühjahrs-Tagundnachtgleiche eine Glocke des Großmünsters um 6 Uhr abends das Ende der winterlichen Arbeitszeit bei Licht verkündete und die Sommerzeit einläutete, wonach die Bürgerschaft in den Zunftstuben den ›Lichtbraten‹ zu verzehren pflegte.

Brockhaus Enzyklopädie, siebzehnte völlig neubearbeitete Auflage des großen Brockhaus, F. A. Brockhaus Wiesbaden 1973

KNABENSCHIESSEN IN ZÜRICH

Nebst dem Sechseläuten begeht die an Festen mäßig dotierte Stadt Zürich jeweils im Herbst das Knabenschießen als ein traditionsreiches Jugend- und Volksfest. Für ein Wochenende wächst beim Schießstand und Schützenhaus Albisgütli – am Fuß des Üetlibergs gelegen – eine malerische Schaustellerstadt aus dem Boden. Was der Prater als permanente Einrichtung Wiens an Zauber ausstrahlt, kann der Zürcher hier jährlich einmal als vergänglichen Traum durchleben. Daß die Wurzeln des Festes in der vormilitärischen Schulung und in der Erziehung zu einer vaterländischen Gesinnung zu suchen sind, dürfte dabei lange nicht jedem Festhungrigen bewußt sein.

Am namengebenden Anlaß – dem Wettschießen der Jugend – beteiligten sich alljährlich Tausende von Knaben (1980: 5578) im Alter von zwölf bis sechzehn Jahren, um ihr Glück als Schützen hinter der schweizerischen Ordonnanzwaffe – dem Sturmgewehr – zu versuchen und fünf Schüsse abzugeben. Große Ehre fällt dabei dem Sieger zu ...

Das Zürcher Knabenschießen hat seinen Ursprung in der militärischen Ausbildung der Schweizerjugend, für die sich seit dem Mittelalter Hinweise finden. Bedenkt man, daß die Wehrpflicht bereits mit dem sechzehnten Altersjahr einsetzte, so ist es nicht verwunderlich, daß damals die Knaben schon verhältnismäßig jung mit der Handhabung der Waffen vertraut gemacht wurden ...

Aus: Das Jahr der Schweiz, 1981 Artemis Verlag Zürich und München

Zeittafel

1916	Geboren am 9. Dezember in Hamburg. Kindheit in Hamburg, Berlin, Nimwegen (Holland) und Mannheim. Drei Jahre Privatschule, ein Jahr Volksschule, vier Jahre humanistisches Gymnasium (bis Untertertia) in Mannheim.
1929–1933	Odenwaldschule.
1933	Frensham Heights School, England, bis zur Matrikulation. Im Dezember Auswanderung nach Palästina.
1934–1937	Tischlerlehre (bis zum Gesellenstück) in Jerusalem, daneben Unterricht im Zeichnen, Möbelentwurf und Innenarchitektur.
1937	Sommerakademie Salzburg, Bühnenentwurf bei Emil Pirchan.
1937–1939	Bühnenentwurf und Zeichnen an der Central School of Arts and Crafts, London. Dazwischen lange Aufenthalte in Cornwall.
1939	Im Oktober nach längeren Aufenthalten in Frankreich und der Schweiz Rückkehr nach Palästina.
1940–1942	Englischlehrer für das British Council am British Institute in Tel-Aviv.
1943–1946	Information Officer beim Public Information Office (der englischen Regierung) in Jerusalem.
1946	Malerei und Textilentwurf in London. Aufenthalte in Cornwall.
1946–1949	Bei den amerikanischen Kriegsverbrecherprozessen in Nürnberg als Dolmetscher, ab 1948 (nach Schluß der Verhandlungen) als Redakteur der gesammelten Protokolle.
1949–1953	In Ambach am Starnberger See zuerst als freier Maler und Grafiker, dann als Schriftsteller.

Suhrkamp Verlag GmbH
Torstraße 44, 10119 Berlin
info@suhrkamp.de
www.suhrkamp.de